AF198098

Dieter Rehnen

Einmal Panik und zurück

Mein Weg aus der Angst

www.tredition.de

© 2021 Dieter Rehnen

Verlag und Druck:
tredition GmbH, Halenreie 40-44, 22359
Hamburg

ISBN
Paperback: 978-3-347-24691-1
Hardcover: 978-3-347-24692-8
e-Book: 978-3-347-24693-5

Für Dani. Meine Frau.

Wie kann so etwas passieren? Da erfüllt sich mein Lebenstraum und mein eigenes Buch erscheint in einem großen deutschen Verlag. Danach Einladung zur Frankfurter Buchmesse, Live – Interviews im Hessischen Rundfunk, bei 1Live, bei Radio ffn, Auftritte, Lesungen. Ein gutes Jahr später finde ich mich in meiner Wohnung: Unfähig, diese zu verlassen. Angst, Todesangst schnürt mich ein. Autofahren, Menschenansammlungen, Höhe, nichts geht mehr. Dieser tagebuchähnliche Bericht schildert, wie ich langsam in die Panik rutschte und mich schließlich wieder davon befreien konnte. Eine persönliche Geschichte. Für mich, für meine Frau und – vielleicht – für den einen oder anderen Leser.

Epilog

Es ist September. Pünktlich zum Monatsbeginn riecht man, dass der Sommer verliert. Schon jetzt um acht Uhr abends kriecht ein Hauch von moderig riechender Herbstluft in mein Zimmer. Ich trage meinen Pulli, den ich ein halbes Jahr vergessen habe. Meine Halbschuhe schnüren mich dort ein, wo ich gerade noch die luftigen Sandalen getragen habe. Die Blätter in der Hecke vor dem Fenster beginnen, um Wärme zu kämpfen. Die ersten verlieren. Morgen früh wird Tau auf den Dächern der Autos sein. Dann wird man wieder Herzen malen können. Sie frieren noch nicht.

Es ist September. Bei mir bricht der Sommer aus. Ich habe beschlossen, für mich und hier zu Hause meine Kur zu beginnen. Hier und jetzt, vier Wochen lang. Ich werde mich erholen von den Monstern, die mein Leben bestimmten. Und ich werde aufschreiben, wie schön es ist zu leben, ohne am Tag tausend Tode zu sterben, Todesangst zu haben beim Einkaufen, beim Autofahren, im vierten Stock, unter Leuten, in Kneipen, bei Veranstaltungen und sogar allein mit mir...

Es wird die Geschichte, die ich hervorholen kann, wenn ich mich erinnern will. Es wird die Geschichte darüber, wie ich aus meinem Alltag verschwand und wie ich ihn mir langsam zurückholte.

1. Schreib - Tag, Samstag, 1. September 2001

Ich überlege eine ganze Weile, ob ich joggen gehen soll oder nicht. Ich spüre, dass ich nicht meinen besten Tag habe. Die Beine ein wenig schwer, die Glieder schmerzen, und die gute Laune schläft heute scheinbar länger. Es ist Traditionsbruch, normalerweise laufe ich jeden Morgen um die fünf Kilometer, aber heute gehen Dani und ich in die Stadt. Bummeln, tatsächlich. Massen von Menschen tummeln sich in der Fußgängerzone, Massen, die mich noch vor einiger Zeit verrückt gemacht hätten. Nun kann ich ihnen in die Gesichter sehen, es wird ziemlich schnell egal, ob sie da sind oder nicht. Wir laufen über den Wochenmarkt, es ist warm, von Zeit zu Zeit beginnt es, leicht zu regnen. Wir kaufen eine Sonnenblume für Vaters Grab und Blumen für Mutter, sitzen beim Kaffee, lange, im Rathausinnenhof, in dem eine Dixieband gute Laune versprüht, essen eine Bratwurst, lästern über Leute, lassen den lieben Gott einen guten Mann sein. Nach drei Stunden wieder zu Hause, lege ich die Jakobson - Muskelentspannungs-kassette ein und mache die wohltuenden Übungen. „Sie werden merken, dass Ihnen die Übungen Frische und Energie geben", verspricht dort eine warme Frauenstimme. Und es ist so: Gelassener, ausgeruhter, klarer fühle ich mich hinterher. So gelassen, dass ich mir etwas vornehme, was noch vor einigen Monaten unmöglich war: Ich möchte 160 Kilometer Auto fahren zu dem Ort, in dem ich aufgewachsen bin.

Nein: Die Monster sind noch nicht weg, auf der Bundesstraße starten sie ihren ersten Angriff, besonders, wenn die Straße ein-spurig und von einer dicken Betonmauer von der Gegenfahrbahn abgetrennt ist. Dann sammeln sie sich: „Du wirst ohn-mächtig werden", sagen sie, „schwindelig, die Kontrolle über den Wagen verlieren, Dani und dich in den Tod fahren." Das Herz beginnt zu rasen, die Hände werden nass, Schweiß auf der Stirn, die Atmung flach, das Herz schmerzt, die Beine zittern. Sie ist wieder da, die Angst, die schnürt. Ich ärgere mich, doch fahre weiter, sage: „Es ist nur Angst, es bringt dich nicht um, es ist nicht lebensbedrohlich" und fahre wei-ter. Dani sitzt daneben und gähnt. Sie kennt das schon. Ich kenne meine Monster auch, und irgendwann merken sie, dass sie mich nicht mehr wirklich quälen können, bekommen mehr und mehr Langeweile und werden weniger und weniger. Ich fahre Auto, frei im Kopf, und es macht Spaß. 160 Kilometer von zu Hause entfernt erreichen wir mein Elternhaus. Vor einem Jahr starb mein Vater. Heute ist Jahresmesse. Vor einem Jahr nahm ich zwei Psychopharmaka und auf der Beerdigung zusätzlich ein starkes Beruhigungsmittel. Vor einem Jahr konnte ich kaum Beifahrer sein, war in Danis Wohnung quasi eingeschlossen, weil ich mich kaum noch heraus traute. Vor einem Jahr schaffte ich es nicht mal mehr, eine Kleinigkeit im Tabakladen einzukaufen. Heute Abend sitze ich da zwischen all den Leuten, die mich kennen. Ich nehme keine Tabletten mehr und halte trotzdem das Gefangensein in dieser Messe aus. Danach sehen wir, wie Deutschland mit 1:5 von den Engländern auseinandergenommen wird und fahren trotzdem gut gelaunt nach Hause.

Ich erinnere mich

an den Sommer von vor zwei Jahren. 1999. Ein wunderschöner Sommer. Noch im September liegen wir bei 30 Grad im Park. Aber fangen wir früher an. Beim 1. Juni. An diesem Tag bekomme ich ein Paket nach Hause, in dem etwas Traumhaftes liegt: Fünf druckfrische Exemplare meines ersten allein verfassten Buches, die Frucht langer Arbeit, mein Lebenstraum. Da ist es, das kann mir keiner mehr nehmen: Ich habe ein Buch geschrieben, es hat ein witziges Cover, es ist nicht teuer, es hat Potenzial. Es ist warm an diesem Tag, und Karl feiert Geburtstag am Kanal. Uwe ist da, einige Freundinnen von Karl, Dani und ich. Ich mag das Buch fast nicht aus der Hand legen, verkaufe und signiere, fühl mich wie ein bekannter Autor und muss lachen. Wir essen Würstchen, trinken Bier, lassen uns die Sonne auf den Pelz scheinen, liegen im Gras rum und lassen es uns wohl sein. Als ich am Abend mit Dani nach Hause fahre, geht es mir rundum gut. Ich bin gespannt, was dieser Sommer bringen wird.

Nachdem vor zwei Jahren das Buch erschienen ist, beginne ich es jeweils nachmittags nach der Arbeit zu promoten. Ich bringe es in die Buchhandlungen der Stadt, verpacke und verschicke es an Szeneillustrierte und bekomme ein vierstündiges Interview mit der größten Zeitung vor Ort. Ich entwerfe einen Promotionstext, den ich dazulege, als ich verschiedene Radiosender anschreibe. Ich habe wieder Kontakt zu Günter, einem alten Schulfreund, der Öffentlichkeitsarbeit macht und mir hilft, Kontakte im Norden der Republik aufzubauen. Ein paar Wochen später klingelt das Telefon und tatsächlich: Heike Knispel, Radiomoderatorin bei Eins Live und WDR2 ist dran und möchte ein Interview mit mir machen. Wenn ich in diesen Tagen die Augen schließe, wird mir schwindelig vor Freude.

Radiostar

Ich erinnere mich an diesen Blick über die Dächer von Köln aus den Studios von Eins Live. Ein schöner Tag. Ich bin aufgeregt, in diesem Gebäude zu sein aus dem auch

VIVA sendet, sitze da mit Heike Knispel, die ich angeschrieben hatte, sitze da im Kultkomplex - Cafe, aus dem viele gute Radiokonzerte gesendet werden, wundere mich, wie klein das ist. Der Hund der Moderatorin findet mich interessant, allgemeines Gewusel ist im Studio, der Radiomoderator On Air und ich mittendrin. Heike ist offensichtlich ein Ex - Öko aus den Achtzigern. Wir warten, dass ein Studio frei wird und erzählen uns was. Dann geht's hinein, und das Interview beginnt. Beim Anblick des gelben Riesenmikros treibt es mir den Schweiß auf die Stirn, und ich verhaspele mich. "Macht nix", sagt sie, und wir machen`s noch mal. „Ist ja nicht live." Dann bekommen wir richtig Spaß, ich vergesse das Mikro und erzähle drauflos. Schnell, viel zu schnell ist alles vorbei. Wir verabschieden uns, und mit stolzem Kribbeln im Bauch fahre ich nach Hause. So was Geiles! Sie werden auf WDR2 einen Beitrag über mein Buch bringen! Werbung! Am nächsten Tag klingelt bei mir das Telefon, und Daniella Baumeister vom Hessischen Rundfunk ruft mich an: Ob ich Lust hätte am Freitag in einer Woche mit ihr eine zweistündige Sendung zu machen? „Klar!", sag ich, bin baff und weiß nicht, was ich mir da vorgenommen habe. Am Sonntag läuft der witzige Beitrag auf WDR2, ich nehme es natürlich auf, Dani und ich hören es wieder und wieder. Jeden Morgen sitze ich in der Werbeagentur im Call – Center, um mir meinen Lebensunterhalt zu verdienen. Die Tage sind unwirklich. Unwirklich schön. In den Tagen vor Freitag steigt das Adrenalin. Ich nehme mir den Freitag frei und fahre Dani morgens zur Arbeit. Vor ihrer Arbeitsstelle gibt sie mir einen Kuss und wünscht mir Glück, da schrammt uns leicht ein Stadtbus. Nicht schlimm, Adressen werden ausgetauscht, es sind ein paar Kratzer, sonst nichts. Ich habe viel Zeit, will lieber noch ein paar Stunden in Frankfurt verbringen, als zu spät zu kommen - und fahre los. Es ist bei mir kein Fax mit dem Konzept der Sendung angekommen. Das war versprochen. Jetzt weiß ich nicht, welche Fragen sie mir stellen will. Unterwegs gibt es einen Riesenstau. Ein ziemlich fieser Unfall legt die Autobahn über 20 Kilometer lahm. Es ist warm, viele stehen neben ihren Autos. Nichts geht. Um 19 Uhr soll die Sendung sein. Ich stehe so lange, dass es wirklich noch knapp wird. Erst um viertel nach sechs steh ich am Gebäude des HR. Ich ruf

Dani an, die mit ihrer Mutter die Sendung aufnehmen will. Dann geht´s hinein. Was erwartet mich? Keine Ahnung. Daniella Baumeister kommt um halb sieben, ich will ein paar Fragen zum Konzept stellen, doch wir gehen in den Innenhof, wo gerade das Vorabendprogramm fürs HR3 Fernsehen gedreht wird. Viertel vor Sieben: Sie unterhalten sich mit einem Kollegen über eine andere Sendung. Zehn vor Sieben: Freund und Kind kommen, sie unterhalten sich. Fünf vor Sieben, sie sagt:" Wir müssen jetzt auch mal los." „Ach", denk ich. Sieben Uhr: 5 Minuten Schonfrist, Nachrichten werden gesendet. Fünf nach Sieben, ich sitze auf dem Stuhl, und die Sendung beginnt, Was wird sie fragen? Sie sagt „Geschmacklosigkeiten, Nostalgie, die Achtziger. Der Autor des Buches bei uns im Studio in den nächsten zwei Stunden, Musik aus den sagenhaften Achtzigern und die Frage: Waren sie wirklich netter, freier, jünger?" Okay, jetzt gilt es: „Ähm, sie waren jünger auf jeden Fall, das heißt wir, die wir jetzt so Mitte Dreißig sind, waren jünger, und vieles, was wir damals gemacht haben, haben wir halt zum ersten Mal gemacht, geküsst, in die Disko gehen, Sascha Hehn sehen, ob man will oder nicht.

Und das sind alles Dinge, die man sich merkt und wenn man dann Jahre später das erste Mal im Fango liegt, taucht alles wieder auf." „Wir tauchen ein", sagt sie, „in die sagenhaften Achtziger", und Paul Hardcastles "19" wird eingespielt. Ich habe mich selbst im Kopfhörer gehört, das ist ungewohnt, sehe Millionen von Leuten am Radio, die nur auf einen Versprecher warten. Aber es wird besser. In den Musikpausen sprechen wir die nächsten Fragen ab, nicht immer kommt die Frage dann auch, doch ich gewöhne mich dran. Der Kopfhörer wird nur noch an ein Ohr gehalten, so höre ich mich auch normal reden, das beruhigt. Die Sendung geht vorbei, es ist 9, ich bin fertig und erleichtert, wir verabschieden uns. Ich ruf Dani an. Sie ist begeistert, sagt, ich sei souverän rübergekommen. Ich glaube es erst, als ich es später selbst höre. Wie in Trance fahre ich nach Hause. Als ich meine Stadt sehe, kriechen mir Tränen in die Augen.

Sonnenfinsternis

Dann wird es August, es ist 1999. Sonnenfinsternis – Alarm! Madame Tessier hat
zum x-ten Mal den Weltuntergang voraus-
gesagt, und die Medien zerreißen sich hys-
terisch wegen dieses Großereignisses.
Ohne Spezialbrille droht Erblindung auf der
Stelle. Schon morgens um neun steigt die
Spannung. Meine Call – Center – Kollegin
Katharina und ich beschließen, wenn es
denn soweit ist, Arbeit Arbeit sein zu lassen, die Telefone auszuhängen, für eine
Stunde anarchistisch zu sein und uns zum
nahegelegenen Aasee zu verkrümeln. Und
tatsächlich: Der ziemlich verhangene Himmel verdunkelt sich, eine kühle Brise
kommt auf, Vögel verstummen, und abwechselnd mit einigen völlig unbekannten
Leuten, die des Weges kommen, teilen wir
uns die einzige Brille, die wir haben, um in
die Sonnenfinsternis zu schauen. Ich ziehe
mich zurück und erschauere. Ich schließe
die Augen und lass allein die zwei Tage davor Revue passieren: Montag und Dienstag. Montag: Ich drücke mich, weil ich zu
früh bin, noch eine Weile in der Nähe von
Radio ffn in Hannover herum. Dann ist es

soweit, ich geh rein, eine Redakteurin in meinem Alter begrüßt mich, wir laufen durch den mehrstöckigen Sender und haben ein Interview, bei dem sie immer wieder die Hand vor den Mund legt, um nicht loszulachen. Nebenan, durch eine Glasscheibe getrennt, läuft die Livesendung dieses Extrem – Gute – Laune - Senders und jedes Mal, wenn er nicht On Air ist, verfinstert sich die Miene des Moderators. Sie versprechen, mir Bescheid zu geben, wenn das Band gesendet wird. In der Fußgängerzone rauche ich eine Zigarette und lass die Leute an mir vorbeilaufen. Dann besuche ich Maria und Bernd, die gute Freunde seit Kindergarten und Schulzeit sind und fahre erst spät nach Hause, weil wir uns verquatschen.

Am Dienstag sitze ich nach der Arbeit, die ein Halbtagsjob ist, im Zug und fahre nach Osnabrück. Über Günter, meinem alten Schulfreund, ist ein Kontakt zu Hit - Radio Antenne entstanden. Im Sender liegt eines meiner Bücher, und der Chef vom Ganzen begrüßt mich überschwänglich. Mit einem Redakteur mache ich das Interview. Es sind eigentlich immer dieselben Fragen. Ich fühl mich sicher. Es ist nicht live, was soll passieren? Fröhliche Verabschiedung, das Versprechen, mich anzurufen, wenn es gesendet wird. Mittwoch: Die Sonnenfinsternis geht, die Vögel beginnen wieder zu singen, und ich sitze wieder im Büro und telefoniere mit Kunden. Die Welt existiert noch.

Auftritt

Ich erinnere mich, dass ich grüble. Es ist September geworden, und ich übe mit meinem aus der Werbeagentur ausgeliehenen Radiorekorder meinen Auftritt als Autor bei meiner Buchpräsentation. Ich bin im Verband der Schriftsteller und darf es in der Lesungsreihe „Neuerscheinungen" präsentieren. Viele Rezensionen gab es, viel Bauchpinselei, viele Zeitschriften, die Günter und ich angeschrieben haben, haben reagiert. „Ein Muss für jeden, der mitreden will", steht da, „Humorvoll und mit spitzer Feder" oder „Wunderbar verdrehte Welt, die der Autor da aufblättert." Runter wie Butter geht das. Doch was ist mit meinem Verlag? Was hat eigentlich der Verlag für das Buch gemacht? Immer mehr Faxe, die ich schreibe, versacken mit keiner oder später Antwort. Egal, weiter! Lesung. Tatsächlich kommen so 35 Leute. Ich bin tierisch aufgeregt, das Foyer ist mit alten BRAVO - Postern von Boy George, David Hasselhoff, Bobele oder Sique Sique Sputnik gepflastert, und ich lege los. Erste Schmunzler machen mich sicherer, ich streue Musik ein, interpretiere „Words" von FR Davids neu, indem ich es synchron übersetze (Wörter - kommen nicht einfach - zu mir), mache ein Quiz und bin letztlich zufrieden. Ich grüble. Zufrieden? Genaugenommen fühle ich mich seit Neuestem sehr erschöpft, Beine schmerzen, der Kopf schwer, immer mal wieder höhere Temperatur. Nichts wirklich wildes, nein, keine starke Grippe, kein Erbrechen, nur schlapp. Ich beobachte mich. Immer wieder messe ich Fieber. Irgendetwas stimmt nicht. 37.6, 37.4, manchmal 38, wo ist die gute alte 36.7 geblieben? Lebensfieber? Jeden Morgen klingelt um halb acht der Wecker. Um neun ins Call - Center, um halb zwei zu Hause. Was kann ich noch tun, um mein Buch zu promoten? Vielleicht auf der Buchmesse in Frankfurt beim Verlag noch mal Ideen anstoßen? Ich habe eine Einladung, die mich berechtigt, die

Messe außerhalb der normalen Besucher-
tage zu besuchen.

Helmut Kohl, die Buchmesse und ich

Da bin ich nun, ich sehe Elke Heidenreich,
sie checkt im Hotel ein, Robert Gernhard
liest, ich bleibe stehen, Akif Pirinci ist da,
und in einem Gang gibt es einen riesigen
Menschenauflauf, der mich neugierig
macht. Fehler! Als ich in den Pulk will,
kommt dieser auf mich zu. Keine Chance
auszuweichen. Dann mache ich die Erfahrung der monumentalen Körpermasse eines Helmut Kohl, der mich zur Seite
schiebt und weiterstapft. Da stehe ich nun
verdutzt da, und bin gerade fast von unserem Kanzler über den Haufen gerannt worden! In einem extra gebauten Zelt gibt es
PR für Oskar Lafontaine, dessen Herz links
schlägt und das im gleichen Verlag wie
meins. Das dominiert den Verlagsstand to-
tal. Mein Buch findet sich in einer Bücher-
wand unter vielen anderen. Nun gut: Es ist
da. Die PR - Frau begrüßt mich, sagt, ich

könne mir am Stand etwas zu trinken nehmen und geht. Ich trinke etwas, stöbere,
fühle mich nicht besonders wohl. Alle sind
beschäftigt, so schlendere ich durch die
Hallen, stundenlang. Immer mal wieder
komme ich am Verlagsstand vorbei. Es
wird Abend, meine Beine schmerzen. Dann
sitze ich im Auto, gucke noch einmal zurück auf das Messegelände und fahre nach
Hause.

Call - Center

Im Herbst 1999 meldet sich mein Nacken
immer heftiger. Eigentlich kein Wunder,
wenn man bedenkt, wie viele Stunden ich
seit Jahren in Call - Centern und beim
Schreiben vor dem PC verbracht hatte.
Auch die Jahre vorher im Taxi, die ganzen
Nächte, die ich durchfuhr, waren nicht gut
für die Haltung. Aber nun wurden die
Schmerzen stechend, der Druck enorm. An
schlechten Tagen hatte ich einen starren
Hals, konnte mich kaum bewegen. Die
Krankengymnastin zeigt mir Übungen,
versteht aber eigentlich nicht, warum ich

Schmerzen habe. „Eigentlich müsste die andere Schulterseite eher wehtun", sagte sie. Doch klar ist: Rechts zieht es mir in den Kopf. Wenn die Übungen schon nicht halfen, schaden würden sie auch nicht. Die schweren Beine, die erhöhte Temperatur, das Unwohlgefühl. Irgendetwas stimmt nicht. Im Call - Center gibt es einen neuen Chef. Die letzte Chance, den Laden zu retten, munkelt man hinter vorgehaltener Hand. Gerüchte. Soll man so viel darauf geben? So schön der Sommer auch war, er endet. Oktober und November schmuddeln dunkel. Vom Verlag kein Fax mehr. Keine neuen Ideen, keine Nachfragen, keine Radiosender, keine Rezensionen, keine Werbung, keine Lesung. War es das schon? Würde so ein großer Verlag nicht noch mehr für seine Autoren tun? Jeden Morgen Dunkelheit, Kälte, Regen, der Wecker, die Arbeit. Mit dem neuen Chef wird es hektisch. Er sieht uns als die Studenten, die telefonieren. Er sieht nicht, dass wir unser Call - Center komplett durchorganisiert haben, dass die Daten unserer 50000 Kunden abgespeichert, abgeheftet, in Access - Datenbanken mehrfach abgesichert sind. Unser Pech: Gerade zurzeit ist wenig los, das ist fatal und doch normal. Unsere frühere Chefin wusste das, sie wusste auch, dass wir uns dann plötzlich vor Arbeit kaum retten konnten. Jedes Vierteljahr gibt es neue Angebote, dann wollen Hunderte von Leuten plötzlich Musicals, Events, Freizeitparks buchen, wollen zum American Football, zur Formel 1, zum Skifahren, nach New York oder Raften. Nun ist Langeweile, die Events bis Anfang 2000, wenn neue Angebote kommen, sind ausgebucht, die Bestellungen verarbeitet, die Karten verschickt. Der Neue sieht nur, dass momentan relativ wenige Leute anrufen. Wir tun nun also, als hätten wir viel zu tun. Das ist anstrengend. Wenn ich zu Hause bin, bin ich erschöpfter, als hätte ich bis zum Umfallen gearbeitet. Tatsächlich fange ich an, mich mittags kurz ins Bett zu legen. Meine Beine, mein Nacken, mir ist kalt. Es hilft nichts, eine Hochzeit muss organisiert werden, Jana, meine beste Freundin seit 12 Jahren, heiratet Uwe. Natürlich bin ich zuständig, den Text für ein Tribunal zu Uwes Junggesellenabschied zu schreiben. Wir treffen uns mehrfach, um den Abend zu organisieren. Als dieser gelaufen ist, gehen die anderen noch in einer überfüllten Kneipe feiern. Ich bekomme Beklemmungen dort und gehe früh nach

Hause. Jana wünscht sich sehr, dass ich auf ihrer Hochzeit „Stufen" von Hermann Hesse vortrage. Ein kleines Gedicht, keine zwei Stunden Livesendung, doch ich bin unglaublich nervös. Schon beim Gang die Treppe hinauf zum Stehpult in der Kirche versagen mir fast die Beine. Ich beginne zu lesen, bin unkonzentriert, hör mich lesen, beobachte mich. Weiche Knie, mein Herz schlägt wild, ich möchte nur nicht zusammenbrechen, nicht hier, nicht auf Janas und Uwes Hochzeit. Das Gedicht kommt mir elend lang vor, es hört nie auf. Plötzlich habe ich das Gefühl, mir sackt das Blut aus dem Bauch nach unten weg. Ich halte mich am Pult fest, um nicht umzufallen. „Was ist das?", denke ich, und lese weiter, bis das Gedicht nach gefühlten 2 Stunden endet. Dani und auch Jana sagen, man hätte nichts gemerkt, doch ich beobachte mich immer mehr: Was zum Teufel ist das? Als ich einige Tage später morgens ganz normal aufstehe, merke ich, dass ich etwas in meiner rechten Wange habe, was dort nicht hingehört. Ich bekomme Angst. Knoten. Mein Hausarzt schickt mich zum Spezialisten, der mich zum Röntgen schickt. Dani zittert, ich zittere. „Das hab ich noch nie gesehen an der Stelle, aber das ist eine

Zyste", sagt er. Also OP. Ende November. Aber immerhin nichts Ernstes. Mitte November, alles grau in grau. Meine Schwägerin feiert ihren fünfzigsten Geburtstag. Es ist unwirklich, denn ganz in der Nähe ist Ewald aufgebahrt. Ewald, den ich immer sehr mochte, der mit mir in der Schule war, in der Clique, bevor sich unsere Wege trennten. Gerade ein paar Monate vorher hatten wir uns noch intensiv unterhalten. Schon damals ging es ihm nicht gut. Nun ist er gestorben. An Krebs. Wir feiern diesen Geburtstag, und er liegt 50 Meter Luftlinie entfernt in der Leichenhalle. Als wir im Stockdunkel den Weg zum Elternhaus zurückgehen, bricht das Chaos aus. Dani rennt weg, ich suche sie, finde sie, sie weint, ich weine, wir gehen, reden, denken, wie skurril alles ist und fahren am nächsten Tag nach Holland. Ein paar Tage Luft schnappen am Meer, spazieren gehen, Leben sacken lassen. Das Weinen gestern tat uns gut: Wir haben ein paar sehr entspannte Tage weit weg von allem.

Krankenhaus

Ich sitze dort mit der Sporttasche im Kran-
kenzimmer auf dem Stuhl und warte, dass
der Mittzwanziger entlassen wird, der sei-
nerseits auf dem Bett sitzt und die letzte
Visite erwartet. Schon zwei Stunden bin ich
im Krankenhaus, nüchtern, es ist Ende November, kalt. Dani hat mich nach einer fast
schlaflosen Nacht hergefahren. Am Tag davor war ich hier, um mit dem Narkosearzt
zu reden. Zettel mussten da ausgefüllt
werden, auch einer, auf dem stand, dass
auch mal was schief gehen könne. Die Visite kommt, der Mittzwanziger geht, ich
sitze in Thrombosestrümpfen und OP-
Shirt auf dem Bett und unterhalte mich mit
meinem verbliebenen Zimmerkollegen. Es
dauert etwas, um mich an den Anblick von
Blut und Eiter in den Schläuchen zu ge-
wöhnen, die seine Nase durchziehen. Ich
weiß, dass ich mich nie um eine Nasenne-
benhöhlen- OP reißen werde. Dann geht
alles schnell, eine Schwester kommt, rollt
mich mitsamt Bett auf den Flur, in den
Fahrstuhl, raus an einer Baustelle mit
Presslufthämmern vorbei in den OP -Saal,
der momentan als Provisorium genutzt

wird. Es dauert ein wenig, bis der HNO kommt; ich liege, warte, starre in die grelle Beleuchtung, die über mir hängt, höre den Baustellenlärm. Alle sind jetzt da, und der Narkosearzt drückt mir die Maske aufs Gesicht, ich denke daran, was ich gestern unterschrieben habe und... wache auf, als Dani gerade zur Tür des Krankenzimmers rausgeht. Ich will noch mal rufen, bin aber zu schlapp. Es ist dunkel, gegen Abend, mein Zimmerkollege bestellt mir schöne Grüße von Dani. Ich schlafe schnell wieder ein. Am nächsten Tag erst merke ich, dass mein Gesicht geschwollen ist, ich spüre die Wunde im Mund, die Fäden, fühle mich schlapp, unendlich müde. Ich zwinge mich dazu, ein wenig herumzulaufen, mein Kopf ist schwer, Dani tut gut abends, zusammen gucken wir uns ein Fußballspiel im TV an, ohne Ton, das hätte ich bezahlen müssen. In der Visite am Tag danach beschließt der Arzt überraschenderweise, dass ich gesund bin und das Krankenhaus verlassen kann. Ich bin 10 Tage krankgeschrieben, völlig baff, nach Hause zu sollen, fahre mit dem Bus, gehe einkaufen und falle ins Bett. Christoph, den ich unterwegs traf, erzählt mir später, ich hätte ausgesehen wie eine lebendige Leiche. 10

Tage lang schlafe ich lang, daddel durch den Tag, lass die Wunde langsam abheilen und fühl mich, als hätte mir jemand mit der Latte an den Schädel gehauen.

Weihnachtsmarkt

Ich möchte mich in den 10 Tagen nach der OP wirklich erholen, aber es gelingt mir nicht. All das, auf das ich mich gefreut hatte: Ausschlafen, in Ruhe Zeitung lesen, Spazieren gehen, es bringt nicht so viel Freude, wie ich es mir gewünscht habe. Ich schlafe unruhig, kann mich nicht richtig auf die Zeitung konzentrieren, bin müde und sehr erschöpft, wenn ich herumgehe. Ich kann nicht mehr nachsetzen, das Gefühl ist da, als sei der Tank leer. Irgendetwas stimmt nicht, irgendetwas stimmt nicht, irgendetwas stimmt nicht. Nur was? In der nächsten Woche muss ich fit sein, dann steht die Arbeit im Call-Center wieder an und einige Male in der Woche zusätzlich die Arbeit auf dem Weihnachtsmarkt. Außerdem geht mit dem Buch vielleicht doch noch was? Der Weihnachtsmarkt im Rathausinnenhof: Dani, ihre beste Freundin Silke, Melanie, Katharina und ich haben uns die Schichten so eingeteilt, dass wir in dem Büdchen, in dem wir Holzsachen und Krimskrams verkaufen, von 10 bis 20 Uhr abwechselnd anwesend sind. Für mich heißt das: Arbeit von 9 bis 1 im Call-Center, von 3 bis 8 im Büdchen. Ich verdiene nicht viel im Call-Center, es reicht gerade, um meine Fixkosten zu bezahlen, also kann ich das Weihnachtsmarkt - Geld gut gebrauchen. Ich muss fit werden bis nächste Woche, ich muss. Montag geht es los. Heute ist Samstag. Werde ich das schaffen? Das Telefon klingelt, meine Schwägerin, die Mutter von Melanie, ist dran, sagt, Melanie sei mitten in der Stadt zusammengebrochen und mit einem Rettungswagen ins Krankenhaus gebracht worden. Sie wüssten nichts genaues, der Arzt aber habe gesagt, sie müssten sofort kommen. Ich bin geschockt, beschreibe ihnen den Weg, 160 Kilometer, hole sie am Stadtrand ab, und schweigend fahren wir 2 Stunden später ins Krankenhaus. Was ist passiert, ist sie tot? Wir wissen gar nichts. Auf der Intensivstation ist sie dann Gott sei Dank gerade wieder zu sich gekommen.

Noch wissen die Ärzte nicht genau, was es ist. Ein epileptischer Anfall? Aber sie lebt. In den Tagen danach geht's ihr langsam besser. Aber ich denke: Melanie ist 25, ich 33, wenn Epilepsie in der Familie liegt, was ist dann mit mir? Der Montag kommt unweigerlich. Im Call-Center ist Chaos ausgebrochen, weil langsam die neuen Angebote kommen. Es muss organisiert und vorbereitet, Karten per Einschreiben verschickt werden. Ich kann es nicht mehr sehen. Es fällt mir schwer, mit den Leuten zu telefonieren, ihre Stimmen bohren sich in meinen Kopf. Der Chef macht Hektik, Claudia, die jetzt die Datenbank entwerfen soll, hat offensichtlich Schwierigkeiten damit, gibt es aber nicht zu. Die Datenbank ist die Basis unserer Arbeit. Brechen unsere Kundendaten zusammen, werden wir uns nur noch mit telefonischen Beschwerden auseinandersetzen müssen. Der Chef ist im Stress, Claudia im Stress, Katharina lässt sich anstecken, ich bin fertig. Auf dem Weihnachtsmarkt steht Büdchen an Büdchen. Massen von Menschen drängeln sich durch die engen Gänge, manchmal geht nichts mehr. Ich habe das Gefühl, dass meine Nerven blank liegen. Früher lagen meine Nerven unter der Haut, heute liegen sie auf der Haut, ich muss nur angetickt werden, dann zucke ich. Ich verstehe nicht, warum mir dieser Job so schwerfällt, ich hab doch so viel Dienstleistung gemacht, Taxi gefahren, Auskunft, Call-Center, immer waren da Leute. Jetzt erwische ich mich dabei, dass mich jemand etwas fragt und ich ihn nur noch anstarre. Leute, Leute, schwarz vor Leuten, Stimmengewirr tanzt auf meinen Nerven, bringt sie zum Vibrieren. Ich zucke zusammen, wenn Leute an unserem Stand Rasseln ausprobieren, Kastagnetten zum Klackern bringen, Trommeln schlagen, Windspiele anticken. Bin gefangen in der Bude, kann nicht raus, die Zeit kriecht, ich werde wahnsinnig, kann nicht mehr. Mein Herz pocht, die Hände schwitzen, ich bin knallhart angespannt, zerreiße innerlich, ich werde die Kontrolle verlieren, irgendetwas tun, das ich nicht mehr steuern kann. Mir wird schlecht, schwarz vor Augen und ich setze mich auf den Hocker, stehe wieder auf, hocke mich, ducke mich nach unten, um dem Krach zu entfliehen. Ich werde zusammenbrechen wie Melanie, hier durch die Menschenmassen kommt so schnell kein Notarzt, das war es jetzt, hier ist meine letzte

Station. Der erste Tag geht vorbei, irgendwie. Nachts schrecke ich schweißgebadet
aus einem Albtraum auf: Ich habe gerade
mit einer Guzzi einen Massenmord ange-
richtet: Auf dem Weihnachtsmarkt.

Mein Herz, mein Herz?

Es ist ein nicht enden wollender Dezember,
und jedes Mal nach der Call-Center Arbeit
lege ich mich kurz hin. Ich hasse es, aber
ich muss auf diesen Weihnachtsmarkt.
Schon, wenn ich am Prinzipalmarkt aus-
steige, drängen sich mir Massen von Menschen entgegen. Die nasse Kälte zieht die
Beine hoch, und Schritt für Schritt geht es
zum Rathausinnenhof. Der typische Weih-
nachtsmarktduft von Glühwein, Mandeln
und gebackenen Champignons zieht in
meine Nase. Es ist schwarz vor Leuten, ich
will nicht, es ist wie eine Wand, je näher
ich komme. Mein Körper sträubt sich. Ich
muss weiter. Ich muss. Ich muss. Melanie
ist ausgefallen, wir sind jetzt nur noch zu
viert, ich kann, ich darf nicht ausfallen. Ge-
räusche tanzen auf meinen Nerven, ich

fühle mich angegriffen, bedroht durch das dauernde Stimmengewirr. Der Klangteppich aus raschelnden Füßen, holländischdeutschenglischsprechenden Leuten, quietschenden Kindern, ratternden Kastagnetten, Trommeln und Windspielen rattert in meinem Kopf. Ich zucke zusammen, wenn sie diese Dinger in die Hand nehmen, möchte schreien: „Haut ab, lasst mich in Ruhe! Lasst mich verdammt noch mal in Ruhe!" Ich sitze am Ofen, stehe, friere, tu so, als suche ich unten was und atme in der Hocke durch, um nicht zu heulen. Nur nicht die Nerven verlieren, hab ich sie schon verloren? Nur nicht zusammenbrechen, nur nicht die Kontrolle verlieren. Sie spielen Weihnachtslieder auf Flöten, sie meinen es gut, aber sie spielen falsch, verdammt, ich halte es nicht aus, ich will hier weg, raus hier. Abends schließ ich die Bude, rechne ab. Nach Hause, schlafen, morgen früh ist wieder Call-Center. Der Wecker klingelt, raus, hin, ich laufe zu Fuß, 20 Minuten, an schlechten Tagen übergebe ich mich, im Call- Center herrscht Hektik. Der neue Chef ist offensichtlich überfordert, ich kann nicht mehr, mir sackt das Blut ab. Mein Herz, verdammt, was ist mit meinem Herzen, es tut weh, bollert, lässt mich doch nicht im Stich, oder? Sorgen, immer mal wieder auf die Toilette, um ein bisschen Ruhe zu bekommen. Da kauere ich dann auf dem Klodeckel, stütze meinen Kopf in die Hände. Als ich mir die Hände wasche, breche ich fast zusammen. Ich halte mich am Waschbecken fest, guck mich an, kalter Schweiß. Ich wusste es: Mein Herz, scheiße, mein Herz. Eine Woche später gehe ich vom Call-Center 2 Stunden früher. Beim Karten verschicken für ein Skirennen schmiere ich mehrfach ab. Ich gehe zum Arzt. Der lächelt und sagt mir, das sei psychisch. Okay: Wir haben über die Jahre immer viel über den Zusammenhang von Körper und Seele gesprochen, das ist ungewöhnlich für einen Allgemeinmediziner und gut, aber dieses ständige Schwindelgefühl ist so heftig, dass ich Angst habe, körperlich krank zu sein. Wie kann er wissen, dass das nicht so ist, kann er in mich reingucken? Kann er hellsehen? Frustriert ziehe ich von dannen. Ich hätte so dringend gern eine körperliche Untersuchung gehabt, allein, um Klarheit zu haben. Er überweist mich nicht. Einbildung, oder was? Dani versteht die Welt nicht mehr, ich versteh die Welt nicht mehr. Wenn es ganz schlimm wird, löst sie mich im Büdchen ab. Ich tu, was ich kann, doch ich kann nicht mehr. Sie tut, was sie kann. Ich hoffe, ich kann es ihr eines Tages zurückgeben. Ich will, dass es Weihnachten wird, will Ruhe.

Eine Autofahrt

Endlich die letzte Schicht auf dem Weihnachtsmarkt. Als ich den Rathausinnenhof verlasse, ist eine leere Erleichterung in mir. Das war wohl nix, das wirst du nicht wieder tun, soviel steht fest. Bei aller Liebe zum Geld, Menschenmassen sind fürs erste bei mir gestrichen. So eng auf kleinem Raum. Nein, nie wieder! Tatsächlich gibt es ein paar ruhigere Tage. Dani und ich ziehen uns ein bisschen zurück, fahren Heiligabend kurz zu ihren Eltern und lassen es uns später mit Essen und Wein bei ihr gut gehen. Mir geht nicht recht in den Kopf, was da auf dem Weihnachtsmarkt mit mir passiert ist, aber gut: Hier bei ihr in der Wohnung ist es okay, und ich muss es ja nicht wieder tun. Ich hoffe auf Ruhe, endlich Ruhe. Am 2. Weihnachtstag fahren wir zu meinen Eltern in den Norden. 160 Kilometer. Melanies Auto steht noch bei uns. Wir wollen es mitnehmen. Dani mit ihrem Wagen, ich mit Melanies hinterher. Ich bin immer gerne Auto gefahren, sieben Jahre lang im Taxi und vorher sogar dann, wenn ich mich entspannen wollte. Heute aber passiert 10 Kilometer hinter der Stadt etwas, das mich zutiefst erschreckt: Ich bekomme Herzstechen, mir wird schwindelig, und ich bekomme eine rasende Angst, die Kontrolle über den Wagen zu verlieren. Ich fühle mich völlig ohnmächtig, meine Beine beginnen zu zittern, und ich werde langsamer und langsamer. Ich fahre auf einer einspurigen, von einer Betonmauer getrennten Straße, ich kann hier nicht einfach rechts ranfahren, doch ich muss hier raus, bevor ich einen Unfall verursache, denke ich und drücke panisch die Lichthupe, die Dani lange nicht bemerkt. Das war es, denke ich, Todesangst kriecht eiskalt hoch...

11. Schreib - Tag, Dienstag, 11. September 2001

Ich versuche es mit dem Moment, als ich das, was sich in unser kollektives Gedächtnis gebrannt hat, erfuhr. Jeder von uns weiß, wo er gerade war, als er es erfuhr. Ich schrieb gerade an den Erinnerungen nach dem 10. Schreibtag, als ich merke, dass nebenan das leise vor sich hinlaufende Radioprogramm hektisch wird, offensichtlich gibt es ein aufgeregtes Telefoninterview. Was war das? Was ist passiert? Als ich im Wohnzimmer bin, höre ich nur noch irgendetwas mit Manhattan, dann gibt's ruhige Musik und ich bin verwirrt. Das Telefon klingelt, Dani ruft völlig überraschend von ihrer Arbeit aus dem Bürgerkeller an und fragt, ob ich den Fernseher anhabe, das World Trade Center würde brennen. Erst, als ich die Bilder sehe, sehe ich, was wirklich passiert ist. Gerade hat der zweite Selbst- und Massenmörder den zweiten Turm durchschlagen. Es ist entsetzlich, unbegreiflich, ich finde die Worte nicht. Vier Kamikazeflieger unterwegs über den USA. Das Pentagon brennt, Panik am

White House, Ulrich Wickert von Meldungen überschwemmt. Stephan ruft an, wir gucken gleichzeitig weiter, sind fassungslos. Andreas ruft an, sagt das Biertrinken heute Abend ab, ich bin froh drum. Dani ruft an, sagt, vielleicht solle ich noch mal tanken fahren, die Ölpreise würden steigen. Anne ruft an, sie hat noch nichts gesehen, nur gehört, ich sage, man kann es nicht beschreiben. An der Tanke ist der Notstand ausgebrochen. Es ist skurril: Die Straßen sind leer, die Tankstellen voll. Ich tanke so gut wie voll, fahre zurück an den Fernseher, immer neue Nachrichten, Dani kommt nach Hause, wir hocken auf dem Bett, immer neue Bilder, neue Nachrichten, wir sind geschockt, mir fehlen die Worte...

Ich erinnere mich

an gar nichts.

Auch **am 12. Schreibtag, Mittwoch,** ist das erste, was passiert, dass der Fernseher angemacht wird. Er bleibt unser ständiger Begleiter, auch, als wir bei Danis Eltern sind, Dani von Stephan die Haare geschnitten bekommt, auch als Dani und ich Badminton spielen gehen. Darf man das? Darf man Badminton spielen gehen, wenn so eine Katastrophe passiert? Die Sauna hinterher gibt ein wenig Ruhe, wieder zu Hause läuft der Fernseher. Auf allen Kanälen Amerika, die Nato beschließt den Verteidigungsfall, wir zappen durch und sehen, dass einzig RTL2, Super RTL und Bayern 3 ein normales Programm senden. Eine dreiviertel Stunde klinken wir uns aus, in der ich Dani einige Kurtage vorlese. Wir sind zwiespältig, haben Bedenken, dass wir irgendetwas verpassen. Aber es geht. Videos tauchen auf, neue Bilder, ein ständig wachsender Bilderfluss.

Auch heute **erinnere ich mich** erst mal noch an gar nichts.

Der neue Chef

Wir haben es irgendwann geschafft, in den Norden zu kommen. Mehrere Pausen, langsame Fahrt, Dani behält mich im Rückspiegel im Auge, mein Herz rast, ich schwitze, mir schwindelt, eine nicht enden wollende Fahrt, an deren Ende ich am Boden bin. Was, bitteschön, ist das? Ich sehe fertig aus und in meinem Elternhaus geben wir vor, dass ich mich erkältet habe, um nicht zu lange bleiben zu müssen. Ich mach mir große Sorgen, doch möchte nicht, dass mein Vater das mitbekommt; er ist selbst krank, seine Lungen wollen nicht mehr, er bekommt kaum noch Luft. Zurück fährt Dani, ich sitze fertig daneben. So schnell werde ich kein Auto mehr fahren, das steht fest. Es ist viel zu gefährlich, für mich, für andere. Im Call-Center bin ich zwischen Weihnachten und Silvester allein. An sich finde ich das gar nicht schlecht, endlich ein bisschen Ruhe, doch wieder und wieder rasen mir die Gedanken durch den Kopf: Was ist, wenn du jetzt hier zusammenbrichst? Niemand wird dich hier so schnell finden, alleine wirst du hier verrecken. Immer wieder rast mein Herz, ich kann mich kaum auf den Beinen halten, mir sackt das Blut weg. Ich beobachte verkrampft, was sich in meinem Körper abspielt, ich fass es nicht, habe entsetzliche Todesangst. Am besten halte ich es aus, wenn ich kauere, und natürlich kommt gerade dann der Chef ins Büro, es sieht so aus, als wenn ich faulenze. Nichts lenkt mich ab, kaum Anrufe, ich bin nicht fähig, mich auf irgendetwas zu konzentrieren. Nach dem dritten Kampftag fährt Dani mich zum Internisten. Er stellt mich auf den Kopf, doch alles ist okay, mehr noch: Er sagt etwas von durchtrainiert und Sportlerherz. Das könnte mich beruhigen, tut es aber nicht. Ich weiß, dass etwas nicht stimmt, nur, was ist das, wie kann ich mich verhalten, was kann ich dagegen tun? Ich weiß nichts, nur, dass es weitergehen muss. In der Silvesternacht 1999 geht die Welt völig überraschenderweise schon wieder nicht unter, selbst der PC läuft noch. Ich kämpfe mich durch den Januar, ein trister, kalter, langweiliger Monat. Warten, immer wieder Herzrasen, Schwindel, das Gefühl, irgendwo herunterzufallen, wie man es manchmal kurz vor dem Einschlafen hat. Es fällt mir immer schwerer, bei mir zu Hause zu sein. Ich habe das Gefühl, aus meinem Bett nach draußen zu fallen, aus dem vierten Stock hinab. Im Februar kommen im Call-Center die neuen Angebote und gleichzeitig bricht unser Faxserver zusammen. Die Telefone laufen heiß, Leute beschweren sich pausenlos, wir versuchen, soviel wie möglich zu retten. Leute von Siemens laufen tagelang bei uns rum, schaffen es nicht, das Fax zu reparieren. Anruf um Anruf, mein Kopf platzt, Katharina und ich müssen uns kurzfristig absprechen, improvisieren, um Dinge zu retten, doch der neue Chef schreit uns an: „Was hier zu tun ist, bestimme immer noch ich!" Ich werde wahnsinnig. Tag für Tag zieht ins Land, endlich Freitag, Wochenende. Bernd hat Geburtstag, ich rufe ihn an. Als ich nachts noch mal zur Toilette muss, wasche ich mir schlaftrunken die Hände. Dann sacke ich zusammen und schlag mit meinem Kopf auf das Waschbecken.

Checkup

Ich bin geschockt und wie gelähmt vor Ent-
setzen. Ich bin also tatsächlich zusammengebrochen, habe die Kontrolle verloren,
bin ohnmächtig, ohne Macht über mich zusammengebrochen. Siehste! Ich wusste
doch, dass ich was habe. Nun ist der Beweis da: Eine Wunde an der Nase. Ich weiß
noch nicht, dass die letzte Nacht eine der
letzten Nächte in meinem Appartement
war. Doch erst mal verkriech ich mich bei
Dani. Am nächsten Abend gehen wir mit
Jana und Uwe in den Chinesischen Natio-
nalcircus. Sie machen sich Sorgen, mir
schwindelt, dauernd diese Angst, wieder
zusammenzubrechen zwischen all diesen
Leuten. Wenn mir das gestern passiert ist,
kann es auch hier mitten im Zelt passieren.
So ein Glück, dass es mir nicht beim Autofahren passiert ist, nicht auszudenken,
wenn ich in den Gegenverkehr gerast
wäre. Ich werde nicht wieder Autofahren,
ich werde nicht mehr so schnell allein bei
mir übernachten. Die Menschenmenge im
Zirkus erdrückt mich. Ich will raus, Ruhe
haben, zu meinem Hausarzt morgen. Im
Geiste sehe ich meinen Arzt, der besorgt

zugibt, dass er sich wohl versehen hat. Doch er besteht darauf, dass der Zusammenbruch psychisch war. Ich bin sauer, Dani ist sauer, Jana, Uwe, Karl, Silke, Bert, Anne und Kalli sind sauer. Mein Arzt legt mir nahe, einen Termin im Landeskrankenhaus zu machen. Zitternd fahre ich durch die Stadt, bekomme einen Termin für 5 Wochen später. Ungewissheit quält mich. Was, wenn diese unbegreifliche Sache doch körperlich ist? Immerhin: Ich bin krankgeschrieben, versuche in Danis Wohnung wieder zu mir zu finden, Sachen zu ordnen. Warten. Warten, das ich damit verbringe, mich selbst zu beobachten, jede Unregelmäßigkeit des Herzschlags, der Temperatur machen mir Angst. Ich bin gerne bereit, eine Psychotherapie zu machen, aber ich brauche die Gewissheit, dass ich körperlich gesund bin. Dann kann es weiter gehen. Wohin auch immer. Gott sei Dank ist Bert Arzt in der Klinik und wie gesagt sauer. Gott sei Dank bekomme ich dort die Möglichkeit, komplett auf den Kopf gestellt zu werden. Einige Tage liege ich dort, Blut wird untersucht, ich werde ins CT geschoben, geröntgt, mach EKG, Langzeit - EKG, Belastungs - EKG, bekomme Fieber und Blutdruck gemessen. Alles ist okay. Alles ist okay? Im Geiste hör ich schon meinen Hausarzt lachen, dann stellt ein gestreuselter HNO innerhalb von Sekunden fest, dass ich Morbus Menior habe. Im Ohr. Das macht Schwindel, sagt er, das macht unsicher, das lässt zusammenbrechen. Einige Wochen lang schlucke ich Medikamente, komme zur Nachuntersuchung, er weiß gar nicht mehr, wer ich bin, geschweige denn, was er diagnostiziert hat, blättert in Medizinlexika und findet nichts. Wegen meiner Nackenschmerzen kontaktiere ich einen Chiropraktiker, der eindeutig Blockierungen bei mir feststellt. Dann renkt er mich ein. Zu Hause bei Dani dauert es nicht lange und die Schmerzen sind wieder da, diese stechenden Schmerzen, die mich kaum bewegen lassen, die sich anfühlen, als würde mir jemand mit der bloßen Hand den Nacken eindrücken. Ich habe im Call-Center Bescheid gesagt, dass ich nicht zurückkomme, irgendwas, soviel steht einmal fest, hat mich auch dort krankgemacht. Über eine Zeitarbeitsfirma will ich wieder in die Telekom-Auskunft. Dieser Job hat mir vor ein paar Jahren so viel Spaß gemacht. Sie freuen sich wirklich aufrichtig, als sie mich wiedersehn. Es gibt einige Tage Schulung, vieles ist mir noch bekannt, die ersten Arbeitstage und mit ihnen ein Schwindelanfall nach dem anderen. Es ist, als zöge es mir das Blut aus dem Kopf. Der Blick nach draußen aus dem vierten Stock löst sie aus, der Computerbildschirm verschwimmt, und immer öfter muss ich mich festkrallen aus Angst, vom Stuhl zu fallen. Es hilft nichts, ich muss einsehen, dass ich zurzeit nicht arbeiten kann. Derweil läuft die erste Staffel von Big Brother, und Dani und ich werden Fans. Abends sitzen wir da und gucken Jürgen, Sladdi, John, Andrea, Manu, Kerstin und Alex beim Leben zu.

Auf dem Boden

Ich erinnere mich nicht gern an die Zeit im April, als langsam der Frühling kam und mir klar wurde, dass ich in absehbarer Zeit nicht mehr arbeiten würde. Noch vor einem dreiviertel Jahr Rezensionen, Radioauftritte, Interviews, noch vor einem halben Jahr Lesung, Buchmesse. Jetzt

Schmerzen im Nacken, kein Job, Schwindel, müde, nicht fähig, in einer Schlange zu stehen, in der Höhe zu sein, Auto zu fahren. Gibt es überhaupt noch einen Platz, wo ich mich wohlfühle? Ja: Die Abende bei Dani. Big Brother 1 läuft, der Tag in ständiger Selbstbeobachtung ist endlich geschafft. Schon einige Wochen bin ich jetzt hier, mach den Haushalt, und wir kochen abends zusammen, täglich. Gerne genommen: Chicken Wings mit Kohlrabi. Die Tage schwer und lang. Wovon leben? Ich habe keinen Anspruch auf Arbeitslosengeld, also bleibt mir nichts als der Gang zum Sozialamt. Wie gut, dass es das gibt. Ein riesiger Verwaltungsaufwand. So gut es geht, macht Dani für mich die Behördengänge, ich bleibe draußen, um mir das Schlottern, Herzrasen und Schwitzen auf den Fluren zu ersparen. Manchmal muss ich selbst rein: Wohnungsamt im 8. Stock: Krampfhaft halt ich mich am Tisch fest, ertrage die Höhe nicht. Endlich ist alles zusammen und ich bekomme einen Vorschuss, bin dankbar. Mein Leben läuft weiter, irgendwie. Irgendwie auch Therapie. Schnell sieht der Therapeut in der Ambulanz des LKH keine andere Möglichkeit, als mir gesprächsbegleitend Psychopharmaka zu verschreiben. Ich hasse Tabletten, aber nehme sie, schlafe einige Tage viel. Woche für Woche gehe ich ins LKH, ich bin nicht körperlich krank, also muss das sein. Ostern kommt und mit dem Fest eine vierwöchige Therapiepause. 4 unendliche Wochen mit Panikattacken aus heiterem Himmel. Ich fange an, regelmäßig zu joggen. Wenn ich schon schwitze, dann will ich auch einen Grund dafür. Es geht: Die Bewegung tut mir gut, sie gibt dem Tag Struktur. Ein Buch ist da, „Der Weg des Künstlers" heißt es. Ich mach das, was drinsteht und schreibe morgens nach dem Aufstehen erst mal drei Seiten das, was mir gerade so in den Kopf kommt. Einige Wochen lang, dann wiederholt sich alles, und ich höre auf. Aufstehen, Seiten schreiben, Joggen, Duschen, Lesen, Haushalt, Big Brother. Dani und ich merken, dass wir gut zusammenleben können. Erstaunlich gut auf 33 qm. Ostern fahren wir zu meinen Eltern, Dani fährt. Ich habe Angst, mein Vater könnte merken, dass es mir beschissen geht, er war so stolz auf mich letztes Jahr, ich habe ihm mein Buch gewidmet. Es ist traurig: Er muss sterben, er weiß es, wir wissen es, er ist 86, er bekommt keine Luft mehr. Es ist so anstrengend mich zu verhalten, als ginge es mir gut. Ich überstehe es, und wir fahren zurück, Dani fährt zurück. Nach Ostern wieder Aufstehen, Seiten schreiben, Joggen, Duschen, Lesen, Essen, Big Brother. Die Therapie beginnt erneut, nur, wie geht es weiter?

Namen für die Monster

Der Frühling meint es zunächst wirklich gut. Früh scheint schon über Wochen die Sonne, ich packe so oft wie möglich meine Sachen und fahre an den See, die Promenade, in den Südpark. Soviel wie möglich mitnehmen, man weiß nicht, wie es wird im Sommer. Es wird verregnet, aber ich weiß es noch nicht. So liege ich in der Sonne, atme die warme Luft, versuche zu lesen, denke, dass ich das jetzt genießen sollte und bin nicht fähig dazu. Selbst die wärmende Sonne wird von Zeit zu Zeit mein Feind, sie brennt, denke ich, es geht auf meinen Kreislauf, das kannst du nicht mehr ab, das ging zu schnell. Selbst, wenn ich nichts mache, mache ich immer noch eines: mir Gedanken. Du könntest dich erholen, denk ich, wenn ich am See liege, also los: Erhol dich! Lauter so erholsame Gedanken. Die Tabletten nehme ich routinemäßig. Eine soll gegen die Angst helfen, die andere gegen Depressionen. Doch habe ich eigentlich Depressionen? Ich merke die Tabletten nicht mehr, bin gehetzt, will da raus. Woche für Woche gehe ich ins LKH. Der Therapeut ist wirklich nett. Wir reden. Er fängt bei fast Null an, will wissen, wo ich herkomme, wie mein Elternhaus war. Ich bin ungeduldig, möchte nicht noch mal meine Kindheit aufarbeiten. Noch mal? Genau: 13 Jahre zuvor hatte ich meine Kindheit aufgearbeitet, psychoanalytisch. Es war wichtig damals, vorher wusste ich kaum noch was, dann sprudelten die Erinnerungen aus der Kindheit wieder hoch. Bittere, harte zuerst, dann auch schöne, freudige. Ich hatte mich im Laufe der Therapie mit meinen Eltern überworfen, mich lange nicht gemeldet, bevor wir uns langsam und heilsam wieder versöhnten. So ist der Stand der Dinge, ich bin mit meiner Vergangenheit versöhnt, habe nach der damaligen Therapie sehr schöne Jahre gehabt und war völlig überrascht, dass ich jetzt so krank geworden war. Nein: Ich könnte tausend Geschichten aus meiner Kindheit erzählen, aber das wäre eine Märchenstunde gewesen, keine Therapie. Ich fühle, dass diese Krankheit aus dem Hier und Jetzt und Gestern entstanden ist, nicht aus dem Vorgestern. Das Gute: Die Krankheit bekommt endlich einen Namen: Agoraphobie mit Panik-Attacken heißt mein Feind. Endlich: Die Monster haben einen Namen. Da ich neuerdings Besitzer eines Modems bin, gebe ich den Begriff in eine Suchmaschine im Internet ein. Irre viele Eintragungen gibt es zum Thema, irre viele Therapieansätze, irre viele Erfahrungsberichte. Ich verbringe einen Nachmittag auf verschiedenen Seiten zum Thema, am Ende bin ich kranker als zuvor. Zu viele Leute schreiben, dass sie seit Jahren krank sind, seit 2, 5, 12 Jahren. das zieht mich runter. Ich möchte ein Therapiekonzept erkennen, das mich überzeugen kann, in dieser Therapie sehe ich es nicht. Immer wieder passiert es, dass der Therapeut mich Sachen fragt, die er schon in der Stunde vorher gefragt hat und ich ihm bereits erzählt habe. Aber wie soll es weitergehen? Tabletten? Verhaltenstherapie? Psychoanalyse? Leider geht es mir immer schlechter, immer tiefer graben sich die Angstmonster in mein Gehirn. In der Therapie reden wir, doch wir reden aneinander vorbei. Immer weniger weiß er, was er machen soll, immer weniger weiß ich, was ich machen soll. Ich schlittere immer verzweifelter in einen verregneten Sommer.

Abschied auf Raten

Wir sind im Norden, und mein Vater liegt schwer atmend im Fernsehsessel, er hat große Schwierigkeiten, etwas zu sagen, aber er erzählt. Wir hocken auf dem Boden davor, hören gebannt zu. Seine Lungen fiepen, doch er erzählt Geschichten aus seinem langen Leben. Er war im Krieg, er hat nie viel darüber erzählt, erschrak sich aber immer fast zu Tode, wenn auch nur ein Löffel auf die Küchenfliesen fiel. Wir sind allein, Vater, Dani und ich. Ich bin froh, dass wir hocken, im Stehen hab ich immer die Angst umzufallen. Er soll es nicht mitbekommen, nicht mehr jetzt, kurz vor seinem Tod. Nach einer Weile ist er erschöpft, er hat keine Kraft mehr. Wir drücken uns. Als wir nach Hause fahren, sind wir froh, das noch erlebt zu haben. Mein Alltag hat sich derweil verändert. Morgens fahre ich regelmäßig in die Tagesklinik des LKH. Meine erste Therapie fehlgeschlagen, es passte einfach nicht. Vielleicht geht es ja halbstationär besser, vielleicht. Schon in der Morgenrunde überfallen mich Panikattacken. Wir sollen erzählen, was wir am Abend vorher gemacht haben, ich ruckele unruhig hin und her, Schweiß, Herzrasen. Ich habe früher Gruppenleiterschulungen geleitet, Auftritte gehabt, Radiointerviews und bin jetzt kaum in der Lage zu erzählen, was ich am Abend vorher gemacht habe. Es sitzen einige Leute mit im Kreis, die permanent mit den Beinen zucken, manchmal rennen Leute heulend raus, andere sitzen apathisch rum und ich mittendrin. Ich höre, dass Leute seit Jahren hier sind. Für sie ist die Tagesklinik der Schritt ins Leben, vorher waren sie in der geschlossenen Behandlung. Ich höre Geschichten von verlassenen Leuten, höre von Tod, höre Leute hartnäckig bestreiten, dass sie krank sind. Morgens gibt es Entspannungstechniken, doch mein Herz bollert, mittags gibt es gutes Essen –bestimmt - ich schmecke es kaum, denn ich habe Schwindelanfälle, zittere mit dem Besteck. Ich gehe raus, so oft es geht. Gehe in den angrenzenden Stadtpark, setze mich auf Bänke, stehe wieder auf, gehe. Laufe die Zeit platt bis viertel nach 5. Wenn ich abends in Danis Wohnung bin, ist sie arbeiten. Wenn sie nach Hause kommt, schlafe ich. Als ich am ersten Tag in die Klinik muss, zittere ich am ganzen Körper, klappere vor Angst mit den Zähnen. Sehr gute Gespräche habe ich mit einer Therapeutin. Sie ist konzentriert, wach, lebendig. Ich sehe sie einmal in der Woche - nur, leider. Ich möchte nicht zu viel von dem Leid anderer Leute hören. Nebenan bekommen Junkies ihr Methadon. Markerschütternd schreiende Leute werden in Rollstühlen über das Gelände geschoben. Ich fühle mich unwohl. Wie zum Teufel bin ich hier gelandet? Die Therapeutin fängt wieder bei null an. Kindheit. Ich will nicht schon wieder was abbrechen, doch fühl mich unwohl. Ich brauche gesunde Leute um mich herum, nicht Elend, Leid. Immer kranker werde ich. Neue Tabletten gibt es, eine neue Kombination, rührende Sozialarbeiter, Küchendienst,

Staubsaugen, Junkies, Schizophrenie, Schreie aus Gebäuden. Eines Morgens sitze ich in Danis Wohnung, unfähig, mich zu entscheiden, ob ich noch mal hingehe. Schließlich gehe ich nicht.

Hirngespinste

Es war die Zeit kurz vor der Zeit, in der alles langsam besser wird. August 2000. Dass alles besser wird, weiß ich nicht, ich hoffe. Hoffe darauf, etwas zu finden, dass mir hilft, aus dem Loch herauszuklettern. Schon während meines Aufenthalts im LKH, dem Anblick so vieler kranker Menschen, der mich noch kranker gemacht hat, klammere ich mich an eine Alternative. Gab es da früher nicht mal jemanden, der mir sehr geholfen hat vor Jahren? Gut: Es ist 12 Jahre her, doch ich erinnere mich, dass ich damals eine Menge mitnahm. Einen neuen Blick auf die Welt etwa. Könnte es sein, dass wir nicht nur einmal hier sind, dass wir öfter leben, wiederkommen, alles seinen Sinn hat? Meine Hoffnung hat einen

Namen, ist Therapeutin und steht im Telefonbuch. „Hilf mir", schrei ich innerlich, als ich ihr auf den AB spreche. Wir fahren einkaufen, Dani geht einkaufen, ich warte draußen im Auto. Als wir wiederkommen, hat sie auf Danis AB gesprochen. Sie erinnert sich an mich, sie hat Zeit für mich. Dani und ich liegen uns vor Freude in den Armen, große Hoffnung. Ich bekomme einen Termin, bald schon, sie hat mir geholfen damals, sie wird es wieder tun heute. Ich sitze in ihrem Wartezimmer, bin am Ende, brauche jetzt jemanden, bei dem ich mich auskotzen kann. Dani hat frei und fährt mich hin. Gerade dieser Tage waren wir noch zusammen im Norden gewesen, Sie hatten angerufen, es gehe zu Ende mit Vater. Mit letzter Luft sagt er, er müsse sterben, und wir nicken, Er weiß es, wir wissen es. Dani drückt ihn, geht dann, weint, ich bin allein mit ihm. Ich weiß, es ist der letzte Moment mit ihm. Ich drücke seine Hand, nehme ihn in den Arm, will gehen, komme noch mal zurück, gehe dann endgültig. Es ist schön, wir können uns in Ruhe verabschieden. Es ist grausam, ich werde ihn so nicht wiedersehen. Jetzt bei der Therapeutin, ich werde ihr das Herz ausschütten, meine letzte Hoffnung. End-station. Sie kommt, fragt, was ich denn ge-lernt habe. Ich will sagen, dass ich über die Jahre in Werbung, für Zeitung gearbeitet habe, Call-Center mit aufgebaut, Autoren-gruppe gegründet, an vier Büchern mit- und eins selbst geschrieben habe. Ich habe viel gelernt, doch nichts gelernt im Sinne von Lehre, also sage ich, baff wie ich bin, „Nichts" Das war falsch. Sie wird wütend, schnauzt mich an, ich solle endlich erwach-sen werden. Sie interessiert sich nicht für die Geschichte der letzten 12 Jahre, sagt, alles, was ich hätte, seien Hirngespinste, alles Hirngespinste. Sie schlägt die Hände über den Kopf zusammen, als sie hört, dass ich mit einer Pädagogikstudentin zu-sammen bin. So ein Blödsinn, Dani arbeitet seit Jahren, ist nur noch eingeschrieben, sie schnauzt mich an, warum ich das ma-che, das mit der Krankheit, mein Kopf dreht sich, mir wird schlecht, will raus. Auch traurig sein darf ich nicht. „Menschen sterben halt" sagt sie. Reinkarnation, klar. Ja, wenn ich die Ängste denn selber ma-che, wenn ich Hirngespinste habe, kann mir dann mal jemand erklären, wie ich da-mit aufhöre? Sie sagt es nicht. Eine halbe Stunde lang beschimpft sie mich, ich gehe, wanke zu Danis Auto, kreidebleich, kann erst spät was erzählen. Als wir kurz darauf Kallis Geburtstag feiern, krall ich mich überall fest. Sie bekommt einen Brief, ich werde mich nicht noch einmal so zusammenstauchen lassen. Ich bin 34, keine 16, ich muss mich schützen. Als eine Woche später das Telefon klingelt, weiß ich, dass es der bestimmte Anruf ist. Gisela ist dran, sagt, dass Vater gegen Abend verstorben ist. Ich fahre los, zünde eine Kerze an, jetzt kann er mich sehen, ich spreche mit ihm, sage: „Vater, guck, so geht es mir wirklich." Ich bin erleichtert, traurig, überlege, wie ich die Beerdigung überstehen soll. Die ist 5 Tage später. Albträume quälen mich, ich werde ins Grab fallen, in der Kirche zusammenbrechen, all das. Am Tag der Beerdigung bin ich vollgedröhnt mit Risperdal, Sepram und Lexotanil, einem starken Beruhigungsmittel, das wir die Tage vorher besorgten. Es gab 3 Therapieversuche, die Angst bestimmt immer noch mein Leben, es wird besser werden, aber das weiß ich da noch nicht.

Umzug und Neubeginn

Schon ein halbes Jahr lebe ich mit Dani zusammen auf 33 qm. Es geht gut. Wir können gut zusammenleben, aber auf Dauer werden 33 qm ein bisschen zu klein. Schon Wochen vorher waren wir unterwegs, um eine neue Wohnung zu suchen. Ohne Druck, das macht die Sache leichter. Als wir zu dem vierstöckigen Haus fahren, in dem eine allgemeine Wohnungsbesichtigung stattfindet, will Dani aber erst gar nicht mit. Das Haus müsste mal gestrichen werden, okay, aber wir könnten ja mal reingehen. Ich überrede sie, dann geht alles schnell: Die Tür wird geöffnet, zig Leute wuseln in der Wohnung rum, wir gucken und wissen: Das muss unsere neue Wohnung werden! 75 qm, 3 Zimmer, Küche, Bad, Balkon, ein großes Wohnzimmer, perfekt geschnitten, zentral gelegen. Gesehen und verliebt. Wir lachen und kriegen Spaß mit den Vermietern. Tatsächlich rufen sie noch abends an. Wir kriegen den Zuschlag!

Es ist die Chance, endlich wieder Schritte vorwärts zu gehen. Dani und ich ziehen zusammen.

4 Wochen ist noch Zeit, aber kein Baumarkt vor uns sicher. Die Monster hüpfen vor Freude, denn ich gehe immer mit in die Läden: Schweiß, Herzklopfen, weiche Knie, Angst. Trotzdem: Es wird geplant, im Geiste eingerichtet und geduldig gewartet. Es ist sehr müßig, meine alte Wohnung zu renovieren, es fällt so schwer, dort zu sein, Wohnungsübergabe zu machen. Erst am Tag des Einzugs bekommen wir den Schlüssel, dann geht alles sehr schnell: Leute sind da, helfen, schleppen, verlegen Teppich. Abends sitzen wir da und können es nicht glauben: So eine tolle Wohnung! Hier werden wir uns wohlfühlen. Ich hoffe für mich, dass diese Wohnung so etwas wie ein Neubeginn sein kann: Weg aus den alten Räumen, hinein in neue. Es ist ein Neubeginn. Ich weiß es noch nicht, auch nicht, als ich im Internet immer öfter über die Christoph - Dornier - Stiftung stolpere, die Angststörungen mit Konfrontationstherapie behandelt. Wir fahren in der Klinik vorbei, und ich hole mir Informationsmaterial. Es muss weitergehen. Nicht mit esoterischem Geschimpfe, nicht mit Psychopharmaka, nicht mit unaufmerksamen Therapeuten. Die Konfrontationstherapie ver-

spricht eine 80-prozentige Heilungs-chance, eine Heilungschance, die ich in der Klinik allerdings nicht bekomme. Dort gibt es nur Privatpatienten. Mein Sachbearbeiter bei der AOK, dem ich schwitzend gegenübersitze, entpuppt sich aber als Kenner. „Leider", sagt er, „ist das für Sie nicht drin. Aber ich hab neulich noch Post von einem niedergelassenen Therapeuten bekommen, der nach denselben Prinzipien arbeitet." Schnell habe ich seine Adresse, schnell rufe ich an, schnell bekomme ich einen Termin. Während unsere Wohnung langsam Gestalt annimmt, der Oktober ins Land zieht und IKEA literweise Schweiß-tropfen von mir absorbiert, keimt in mir neue Hoffnung.

Gehetzter Hund

Ich erinnere mich an meine erste Thera-piestunde. Eigentlich hätten wir in den Wochen zuvor auch in Baumärkten schlafen können, so oft waren wir dagewesen. Der Umzug, die damit verbundene Arbeit, alles lenkte mich über einige Wochen etwas ab.

Etwas, denn sobald nicht viel zu tun war, holten mich die Monster wieder ein: Die Stunden bis in den Abend zähflüssig, die permanente Angst umzufallen, sie machten Sekunden zu Minuten, Minuten zu Stunden. Oft lief ich wie ein gehetzter Hund durch die Wohnung. Nun also Therapie, vierter Versuch, vier Probesitzungen, bevor der Antrag gestellt wird. In der ersten Stunde sitze ich zitternd im Warteraum. Ich bin zur vollen Stunde bestellt, doch er kommt erst eine Viertelstunde später. Wartezeit = Leidenszeit. Ich möchte aufspringen, rumlaufen, Schweiß, Unruhe, das Gefühl, mir sackt das Blut ab, Aufregung. Immerhin: Der Flur ist in beruhigendem Gelb gestrichen. Er kommt, begrüßt mich, fragt, worum es geht, ich sage „Angst." Schon in der ersten Stunde sagt er, man könne das erfolgreich behandeln. Er tritt mir nicht auf der Seele rum, nimmt mich ernst, redet ruhig, ist konzentriert. Als ich den Raum verlasse, habe ich das Gefühl, dass es etwas werden könnte. Ich werde Konfrontationstherapie machen, mich den Ängsten stellen. Bis dahin versuchen, den Alltag auszuhalten.

Hoffnung

Ende Oktober war's und ich in der neuen Therapie. Irgendetwas ist anders. Gut: Ich zittere, Herzrasen, Schweiß, all das ist da, doch irgendetwas ist anders. Schnell wird klar, dass wir die Krankheit zusammen ergründen wollen. 4 Probesitzungen sind eigentlich anberaumt, um sich kennen zu lernen, doch mir ist schon in der ersten Sitzung klar, dass es diesmal funktionieren kann. Auch er sagt schon in der zweiten Stunde, dass wir eigentlich keine 4 Stunden brauchen. Er entpuppt sich als jemand, der lange als Therapeut in der Christoph – Dornier - Klinik gearbeitet hat, das ist schön, da wollte ich hin. Schnell ist klar, wie meine Krankheit heißt. Sie ist Agoraphobie mit Panikstörungen. Er ist wirklich erschüttert, was mir die Therapeutin an den Kopf geworfen hat, sagt, so was, solche schwarzen Schafe, brächten die ganze Branche in Verruf, legt mir sogar nahe, eine Klage anzustreben. Ich habe keine Kraft dazu, fühle mich aber ernst genommen, bestätigt, sie hätte mich zerstören können. Es wird nicht noch mal in meiner Kindheit gewühlt, das erleichtert mich.

Wiederholungen sind nie so gut, wie das erste Mal. Dinge wieder und wieder zu kauen macht das Leben nicht schmackhaft. Mir gefällt der Pragmatismus. Kein esoterisches Geschwafel, kein psychoanalytisches Bohren. Wir sind im Hier und Jetzt. Ich gehe ins Gestern, nicht ins Vorgestern. Er gibt mir auf, die Krankheitsgeschichte aus meiner Sicht zu beschreiben. Ich beginne dort, wo ich auch hier begann. Im Sommer 99, schreibe mir die Geschichte von der Seele. Nein: Alles ist noch da: Schweiß, Zittern, Herzrasen. Aber innerhalb weniger Stunden baut sich etwas auf, was mir zuletzt so fehlte: Hoffnung.

Stress

Ich erinnere mich an ein Wort: Stress. Stress als Auslöser für Angst. Dort haken wir ein. Ich hatte meine Krankheitsgeschichte mit dem Sommer 99 begonnen. Nun gehe ich noch ein Stück zurück, nicht viel, aber ich gehe zurück in den Herbst 98, als ich mein Buch schrieb. Zweieinhalb Monate Zeit, um 200 Seiten abzuliefern. Morgens Call Center, ab nachmittags am Schreibtisch, recherchieren in Bibliotheken, Zeilen zählen. Wenn ich in zweieinhalb Monaten fertig sein sollte, musste ich pro Tag so und so viele Seiten schreiben. Druck, Stress, schreiben, bis mir die Augen zufielen. Mein Lebenstraum. Keine Zeit mehr für das, was mich sonst entspannte: Autogenes Training, Sport, Sauna. Klar: Da hatte es angefangen. Da hab ich nicht aufgepasst, da bin ich aus dem Gleichgewicht geraten. Doch der Therapeut macht mir Mut: Alles Verhalten, was man sich antrainiert habe, sagt er, könne man sich auch wieder abtrainieren. Es werde dauern, das sagt er auch, doch es würde gehen. Mir gefällt, dass er glaubt, es würde gehen, mir gefällt nicht, dass er sagt, es würde dauern. Als im Himmel vor meiner Geburt die Geduld verteilt wurde, habe ich verschlafen und nur noch den staatlich vorgeschriebenen Mindestanteil bekommen. Damit muss ich durchs Leben, so auch jetzt, im Herbst und Winter 2000. 3 Wochen nach Beginn der Therapie sage ich ihm, dass ich gerne die Tabletten absetzen möchte, ich hasse Psychopharmaka und habe nicht das Gefühl gehabt, das sie mir wirklich helfen. Er wundert sich zwar, doch akzeptiert das, also lasse ich sie weg. Bevor ich dies schrieb, waren es in meiner Erinnerung 4 Tage, in denen ich durch die Wohnung kroch, voller Angst. Es waren über 3 Wochen, das weiß ich aus meinem Tagebuch von damals, das ich wieder hervorkramte. Außer meinen wöchentlichen Sitzungen hatte ich nun keine Unterstützung mehr, es war, als habe mir jemand den Gehstock weggezogen. Was zum Teufel hatte ich mir da über ein halbes Jahr lang reingepfiffen? Die Tage unendlich. Herz schlug bis zum Hals. Todesangst, sitzend auf dem Sofa, ich lerne Bauchatmung, leg meine Hand auf den Nabel, konzentrier mich auf das Auf und Ab des Bauches. Endlich kann ich auch gegenüber meiner Familie ehrlich sein, und meine jüngste Schwester rät mir, eine Tüte zu nehmen und in sie hinein zu atmen. Das hilft, sagt sie, sie hat so was auch schon mal gehabt. Ich tue es nicht, bin aber froh, mich nicht mehr verstellen zu müssen. Bevor alles besser wird, muss es erst schlechter werden, denke ich und mache weiter. Nach 3 Wochen bin ich stolz, die Pillen nicht mehr zu brauchen. Nun werde ich mich bald mit den Ängsten konfrontieren können. Ohne chemische Mittel.

Den Spieß umdrehen

Es ist Winter geworden, ich denke nicht mehr an die Tabletten und versuche die Zeit auszuhalten, in denen ich länger als eine Woche ohne Therapie auskommen muss. Es ist unverschämt, aber Therapeuten sind auch Menschen und haben Termine oder machen gerade so um die Weihnachtszeit solch unverschämte Dinge wie Urlaub. Nachdem ich meine Krankengeschichte aufgeschrieben hatte, wird ziemlich schnell klar, was der Auslöser meiner Krankheit gewesen ist. Stress. Stress beim Schreiben des Buches, wenn auch positiver, als es rauskam, Stress, als ich wieder auf dem Boden der Tatsachen war, der Verlag wenig für mich getan hatte und ich mich wiederfand in drei Jobs: Buch promoten, Call Center mit neuem Chef, Weihnachtsmarkt. Stress, der nicht an mir abprallte, weil ich, wie er sagte, wohl nie eine westfälische Dickhaut werden würde. Mir kommt ein schwerfälliges Nashorn in den Sinn, schade eigentlich. So würde ich nie werden. Es macht das Leben einfacher manchmal. Es ist mir nicht gegeben. Ich weiß, ich kann so, wie ich lebte, nicht weitermachen. Ich habe Panikattacken beim Autofahren gehabt und bin nicht mehr Auto gefahren, ich habe Ohnmachtsgefühle in Einkaufsschlangen gehabt, und habe nicht mehr eingekauft. Angst machte mich schwindelig, im vierten Stock, ich halte mich Parterre auf. Immer schön auf dem Boden bleiben. Es hat nichts geholfen, die Angst ist mir nachgekrochen, hat jeden Winkel meines Lebens besetzt. Ich habe mich weggeduckt, es hat mich trotzdem getroffen. Es hilft nichts: Ich muss den Spieß umdrehen, in die Angst gehen, mir mein Leben zurückerobern. Ein Buch hilft dabei: „Ängste verstehen und überwinden" heißt es, und genauso ist es aufgebaut. Erstmal verstehen, was eigentlich in mir passiert, dann gezielt dagegen angehen. Angst ist erst mal eine ganz normale, menschliche Reaktion steht da, das beruhigt. Viele Menschen leiden unter Angst, steht da, das beruhigt, es gibt Leute, die sich davon befreit haben, steht da, das beruhigt. Ich begreife, dass ich mich meinen

Ängsten stellen muss. Therapie ist zurzeit nur einmal die Woche, aber kann ich die restliche Zeit nicht schon dazu nutzen, mich Dingen zu stellen? Tatsächlich sitze ich im Auto und fahre einige Kilometer durch die Stadt, wir sind mal im Stadion, mehr so am Rand, aber immerhin, ich gehe mit zum Einkaufen, wenn die Panikattacke kommt, gehe ich raus, mit schlotternden Knien. Fast jeden Tag jogge ich, fast jeden Tag spaziere ich hinterher die Hauptstraße entlang zum Kreisel. Hauptsache mal ein paar Stunden raus. Hauptsache bewegen, wenn schon schwitzen, dann mit Grund dafür. Meine Monster sind stark, sehr stark. Sie sind wohlgenährt, sie machen mir das Leben schwer. Führen Krieg. Noch wissen sie nicht, dass ich bald zwei Bilder im Kopf habe, mit denen ich gegen sie kämpfen kann.

Ein Kreis

Ich erinnere mich an einen Kreis und damit an eine Rüstung im Kampf gegen die Monster. Daran, dass ich nach Hause komme und Dani berichte, dass ich dem, was in mir vorgeht, auf die Spur komme. Ein Kreis. Es ist Winter, Dezember, Januar, es ist kalt, und in der Therapie sitze ich schwitzend und lerne, meine Angst zu beobachten. Sie ist noch da, die Panik, ich erleide Attacken im Alltag, überall, es schürt mir den Atem ab, aber ich beobachte: Wenn eine Attacke war, beginne ich zu überlegen, wie genau sie losging. Was war zuerst? Der GEDANKE oder das GEFÜHL? Ich lerne, dass das eine das andere auslöst. Ich sage mir immer wieder, dass Panik nicht lebensgefährlich ist, nein, das ist ausgeschlossen, auch wenn es sich so anfühlt, ich bin von Kopf bis Fuß durchgecheckt. Körperlich gesund. Es ist nur Angst. NUR, ich sage es mir immer wieder. Wenn ich mir beibringen konnte, dass Angst lebensgefährlich ist, dann kann ich mir auch beibringen, dass sie nicht so wichtig ist. Der Kreis: In meiner Vorstellung hat er zwei Komponenten: das Gefühl und die Gedanken. Die Angst läuft diesen Kreis entlang. Sie wird zwangsläufig ausgelöst durch das Eine oder das Andere: Wenn ich im Auto sitze und mein Herz fängt an zu bollern, ist es das Körpergefühl, das die Angst auslöst. Der Kreis setzt sich in Bewegung: „Oh", denke ich, „ich hab es ja gesagt! Das Herz bollert, also ist Autofahren gefährlich." Der Gedanke, dass Autofahren gefährlich ist, beschleunigt das Herz, was wiederum der Beweis für meine Gedanken ist. Ein Teufelskreis. Ein Monsterkreis. Wenn ich in eine Situation gehe, in der ich schon mal Angst hatte, und wo ist das nicht dieser Tage, kriechen Gedanken hoch wie: „Ja aber wenn du dort in der Schlange stehst, dann wirst du wieder ohnmächtig werden, dich so fühlen, wie das letzte Mal bei Aldi. Weißt du noch wie beschissen du dich da gefühlt hast? Das wird wieder passieren!" Und ich gehe in den Aldi, und es passiert wieder. Die sich selbst erfüllende Prophezeiung. Die Angst ist da, in diesem Winter, doch ich beobachte sie. Wo ging der Monsterkreis los? Beim Gefühl oder beim Gedanken? Noch ist der Kreis nicht durchbrochen, doch ich sehe meinen Feind vor meinem geistigen Auge.

Es ist nur Angst

Ich gehe gerne zur Therapie, da habe ich das Gefühl, voranzukommen. Wie ein Detektiv komme ich meiner Angst, den Teufelsmonstern, auf die Spur. Ich spreche mit ihnen, gebe ihnen ein Gesicht. Das hilft, sie sehen aus wie kleine Teufelchen mit Dreizack. Kleine, fiese Quälgeister. Sie mögen es nicht, wenn man mit ihnen spricht, schon gar nicht, wenn man sie nicht ernst nimmt, dann sind sie beleidigt. Schon gar nicht, wenn man zu ihnen sagt, sie seien nur Angst, das Wort NUR erschreckt sie, sie fühlen sich in ihrer Ehre gekränkt, sind beleidigt. Immer und immer wieder präge ich mir die Worte ein, NUR Angst, sonst nix. Du bist gesund. Langsam rieseln die Worte in mein Gehirn, sacken langsam, noch sind die Teufelchen stark, sie hatten lange Zeit, so groß zu werden, ich werde Zeit brauchen, sie klein zu machen. Eine Kurve wird meine neue Waffe. In der Therapie malen wir. Zum ersten Mal seit Jahrzehnten male ich eine Kurve in ein Koordinatensystem. Er fragt mich, wie ich mir den Verlauf einer Panikattacke vorstelle. Ich habe die Erfahrung gemacht, dass sie, wenn ich beispielsweise einkaufen gehe, in etwa so verläuft, dass sie unten beginnt und dann in die Höhe schnellt. Dort bleibt sie, wird schlimmer und schlimmer, ist nicht mehr auszuhalten.

Mein Therapeut stellt wahnwitzige Behauptungen in den Raum, sagt, wenn ich nicht aus der Angstsituation rausgehe, sondern sie aushalte, würde die Kurve in der Situation selbst wieder heruntergehen. "Stimmt ja gar nicht, totaler Quatsch! Glaub dem das nicht", rufen meine Monster erbost, doch ich werde neugierig. Echt? Ich fahre trotz Panikattacken weiter Auto, und die Angst lässt nach? Ich bleibe lange in der Höhe, und die Monster lassen nach? Aber bitte schön: Wie soll ich das aushalten? Trotzdem: Ich beschließe, die Theorie im Kopf zu behalten, es könnte ja sein, lange genug hatte ich andere Überzeugungen, es hat zu nichts geführt. Die Therapie macht Spaß, noch sind wir in der Theorie. Ich soll Karteikarten kaufen, mir eine Rangliste meiner Ängste aufstellen. Was ist das, was mir am meisten zu schaffen macht. Was macht mir zu schaffen, ist aber nicht ganz so lebenseinengend? Dani und ich verbringen einen Abend damit, die Rangliste zu machen. In den Top Ten stehen 2 Dinge auf Position 1 und 2: Höhe, Autofahren. Als ich die fertige Rangliste zur Therapie mitbringe, ahne ich, dass bald die Zeit der Theorie vorbei ist und die Praxis beginnt. Er fragt, was mir lieber sei, mit den kleineren angstauslösenden Sachen zu beginnen oder den größeren. Ich bin mutig, theoretisch, und sage: „Mit den größeren." Ich habe Dinge im Kopf, wie: Erst die Arbeit, dann das Vergnügen, und zittere. Wenn das hoffentlich auch alles stimmt, was der Onkel gesagt hat, das mit der Angstkurve, die abnimmt und so...

Eine Autofahrt und ein Blick

Ich erinnere mich, dass ich wenig schlief in der Nacht vor dem Tag im Februar, als klar war, dass wir die sicheren Gefilde verlassen würden, um in die Praxis zu gehen. Drei oder vier Stunden vielleicht, mehr gedöst als geschlafen, da stand ich nun mit dem Auto vor seiner Praxis, nicht wissend, was passieren würde. Klar: Mit dem Auto, Angstchartsposition 2. Klar: Er setzt sich neben mich. Und klar. Er dirigiert mich über die Umgehungsstraße Richtung Autobahn. Autobahn, oh Gott! Nicht mal Landstraße bin ich gefahren seit über einem Jahr. Ist der todesmutig, denke ich, und er sagt, dass es nicht gefährlich sei, er sei nicht todesmutig. Während mein Herz bollert und schmerzt, die Hände vor Schweiß am Lenkrad abrutschen, mein Blut sackt und die Beine zittern, die Füße immer wieder vom Gas runterwollen, sitzt er ruhig da und fragt mich nach den Prozenten. Prozente sind das, wie hoch die Angst gerade ausschlägt. „100", rufe ich „110!" Scheiße, was habe ich mir da angetan? Und was ist mit der Angstkurve, wann lässt sie endlich nach? Oh, Mann, ich werde die Kontrolle verlieren. Er will nach einer Weile, dass ich überhole, mir schwindelt, will der sich umbringen? Ich werde die Kontrolle verlieren, hier, mitten auf der Autobahn Richtung Ruhrgebiet. Verkehrsnachrichten: Schwerer Unfall auf der A1. Ich zwinge mich dazu, Gas zu geben, obwohl meine Füße zittern, zwinge mich dazu, zu überholen, sterbe tausend Tode. Was ist, wenn die blöde Theorie nicht stimmt? Dann werden wir hier eingeklemmt sein, in einem brennenden Wrack: Er sagt, Paniker seien die aufmerksamsten Autofahrer. Ja toll! Und die totesten! Es dauert zig Kilometer, irgendwann stelle ich mit Verwunderung fest, dass ich immer noch nicht gestorben bin, dass tatsächlich das Angstniveau runtergeht. Er fragt immer wieder, sitzt immer noch gelassen neben mir, ich sage was von 80, 60, 40, zuletzt sogar 20. Seltsame Gedanken schießen mir durch den Kopf, zum Beispiel: Das ist ja gar nicht schlimm, du kannst wieder Autofahren! Dann dirigiert er mich auf einen Parkplatz, geht Kaffee trinken, sagt, ich solle jetzt alleine fahren. Wenigstens fahre ich ihn dann nicht mit in den Tod, denke ich und fahre, bin verwirrt, denn die Angst bleibt weg. Fahre nach Oberhausen, wieder zurück. Unglaublich! Es geht! Ha! Wieder zurück auf dem Parkplatz fragt er mich, wie es war, ich sage gut, von mir aus könnten wir jetzt zurückfahren. „Wir fahren noch nicht zurück", sagt er, ich ahne was, doch weiß ich nicht wohin wir fahren. Ich fahre bis Düsseldorf, durch die Stadt auf einen Parkplatz, steige aus und sehe einen Turm. Ich erfahre, dass das der Rheinturm ist. Ich gucke meinen Therapeuten an, er mich auch. „Ja,

ja," sagt er. „Da fahren wir jetzt hoch."
Angstcharts Nr. 1: Höhe.

Von unten sieht der Turm ganz friedlich aus, oben scheint sowas wie eine gläserne Aussichtsplattform zu sein. Ich ergebe mich. Fahr mit ihm im Aufzug nach oben. Die Tür öffnet sich, unten, weit unten, sehr weit unten liegt die Stadt. Der Rhein, der Landtag, die Häuser, Fünfstock, wie Streichholzschachteln, ich schnappe nach Luft. Die Fenster des Turmes ziehen sich bis an den Boden. Man schaut hinunter in den Abgrund. Ich denke, es reicht, es ist gut, ich will hier raus. Stehe zitternd am Aufzug, schwindelig, weiche Knie, butterweich, mein ganzer Körper will zurück. Okay, ich hab mich doch jetzt konfrontiert, dann können wir doch gehen. Wir können nicht. Er will, dass ich näher an das Fenster gehe. Ich setze einen Fuß vor den anderen. Langsam, zitternd, er ermuntert mich. Ich glaube, ich drehe durch. Kämpfe. Gehe weiter an das Glas, sehe die Stadt, Autos wie Matchbox, Leute wie Ameisen, dann setzt er sich in das Glas. Ich sehe ihn fallen. 177 Meter tief. Er hockt über den Dächern der Stadt. Schwebt in der Luft. Ich sehe ihn verschwommen, er sagt, ich solle nachkommen, solle das auch machen, nur andersherum, das Gesicht nach unten, mich in das Glas legen. Von oben auf die Stadt blicken. Ich will raus. Doch ich will vor allem diese Angst überwinden. Ich taste mich nach vorne, berühre das Glas, zittere am ganzen Körper, zerfließe vor Schweiß. Es dauert. Langsam taste ich mit dem Fuß die Festigkeit, alles dreht sich, ich sehe mich fallen, setzte meine Knie auf das Glas. Er ermuntert mich, ich höre ihn kaum. Setze meine Hände auf das Glas, unter mir Abgrund, die Scheibe klatschnass. Ich lege mich aufs Glas. Schimpfe, dass die armen Putzfrauen alles wieder sauber machen müssen. Er sagt, die werden dafür bezahlt. Sagt, das Glas sei Panzerglas: Deutsche Wertarbeit. „Ich scheiß auf deutsche Wertarbeit!", schreie ich und außerdem ist verdammtes Panzerglas vor allem eins: durchsichtig, verdammt durchsichtig. Ich liege, schwitze, hänge zwischen Himmel und Erde, soll Schiffe auf dem Rhein zählen, Autos, weit unten auf dem Parkplatz, Stockwerke von Hochhäusern, die im Moment Tiefhäuser sind. Ich liege dort und liege und liege, gewöhne mich, ich kann nicht mehr, es wird egal. Das Zittern lässt nach, der Schweiß ist alle, mehr ging nicht. Ich bleibe noch eine Weile

in der Position. Ich lebe. Ich habe es aus-
gehalten. Es ist nichts passiert, die Angst
ist weg, ich stehe auf, wir laufen durch den
Turm. Schauen uns die Gebäude an. Auf
der Rückfahrt fährt das Auto von allein…

Muskelkater

Ich erinnere mich an den größten Muskel-
kater meines Lebens. Tageweise konnte
ich mich kaum bewegen, so hatte ich auf
dem Turm gezittert. Aber es war egal:
Zwar war es nicht so, dass sich alle Monster nach dem Rheinturm- und Autobahntag
willenlos ergeben hatten, aber sie waren
erschreckt, aus ihrer lange gewöhnten
Bahn geworfen. Ich hatte es getan, das
konnte mir niemand mehr nehmen. Haus-
aufgaben und eine Kladde bestimmten die
Zeit, in der es in diesem Jahr langsam
Frühling wurde. Tag für Tag ziehe ich los,
um in Situationen zu gehen, die Panik aus-
lösten. Ich fahre mit dem Auto nach Osnabrück, nach Dortmund und klappere
dort alle möglichen Geschäfte ab. Woche
für Woche sehe ich meinen Therapeuten,

jeder Tag wird geplant. Ich steige immer wieder auf ein Parkhaus in der Innenstadt, luftige Höhe, die Angst kommt, ich bleibe in der Situation, halte sie aus, bis die Angstkurve nach unten fällt, die Monster sich ausgetobt haben. Ich bin bei Karstadt in der dritten Etage, schwindelerregende, verspiegelte Blicke nach unten. Angst aushalten, in der Situation bleiben, die Verkäuferin ignorieren, die dort ihren Stand hat und sich sicher wundert, dass ich dort stehe, an der Plexiglasscheibe, minutenlang, bis die Angstkurve fällt. Zu Hause trage ich alles in die Kladde ein. In welcher Situation war ich? Wie viel Prozent Angst habe ich gehabt? Wann ging die Angstkurve nach unten? Nein: Die Monster sind noch nicht weg. Ich muss trainieren. Im Edeka am Samstag. Menschenmassen. Noch schnellt die Angstkurve in die Höhe, ich will sofort raus, weg hier, doch ich lass stattdessen den Einkaufswagen stehen und laufe durch den Laden, halte Schweiß und Herzklopfen aus. Es ist nur Angst, nur, sie kommt und geht. Sie geht, tatsächlich. Es dauert, aber sie geht. Sie kommt auf dem Wochenmarkt am Dom. Ein stockendes Geschiebe, manchmal geht nichts voran, ich stecke mittendrin, gefangen. Sie kommt, 80% Angst, 90%, ich bleibe, stelle mich in eine Schlange am Reibekuchenstand, bin vorne, stell mich hinten wieder an. Der Schmerz lässt nach, der Atem geht ruhiger, das Herz auch. Es beginnt sogar, schön zu werden. Es wird Frühling, es kann sogar Spaß machen, hier, zwischen all den Ständen und Leuten. Montag: Parkhaus, Karstadt. Dienstag: Dortmund. Mittwoch: Iduna Hochhaus. Donnerstag: Osnabrück. Freitag: Busfahren, stundenlang. Samstag: Wochenmarkt und zum Fußball in die Fankurve. Sonntag: Ins Kino, mittenrein ins größte. Die Angst ist da, sie ist ätzend, aber sie geht auch wieder. Ich konfrontiere mich. Das ist mein Job. Und gewinne langsam mit jedem Tag ein Stückchen Freiheit dazu.

Therapie im Fan - Sonderzug

In den ersten Wochen nach dem Rheinturm - Monsterschock planen wir Tag für Tag. Die Angst ist ätzend, doch immer wieder mache ich die Erfahrung, dass sie wieder geht, dass ich mich an die jeweilige Situation gewöhne. Es gibt gute Tage und schlechte Tage, vorher hat es nur schlechte Tage gegeben. Ich ärgere mich über Rückschläge, über Situationen, in denen die Angst hartnäckig ist. Manchmal bin ich feige und gehe aus der Situation wieder hinaus, doch ärgere mich dann. Es hilft nichts, ich muss wieder rein. Ich versuche, schlechte Tage nicht zu überinterpretieren. „Man hat halt auch mal schlechte Tage", sagt der Therapeut, und es stimmt. Die hatte ich vor der Krankheit doch hin und wieder auch gehabt und war nicht sofort in Panik verfallen. Ich erinnere mich: Die Preußen, die ich jetzt mehrfach im heimischen Stadion gesehen hab, spielen plötzlich um den Aufstieg in die 2. Liga mit. Jetzt gibt es ein Spiel in Lübeck, bei einem Sieg wären wir Spitzenreiter. Es gibt einen Sonderzug und eine gewagte Idee: Plötzlich steh ich mit 700 anderen Fans am Bahnhof und bin bald Hunderte von Kilometern unterwegs in einem Zug, der nirgends hält. Das Zufallen der Waggontür vor der Anfahrt, der Blick auf die lauten Fans, eingepfercht, die Angstkurve auf 80, 90, die Abfahrt, das Abfallen der Angstkurve, die Entspannung nach einer viertel

Stunde. Und dann der Spaß, feiern in Lübecks Straßen, ein 2:1 für uns in der 90. Spielminute. Die freudetrunkene Rückfahrt, das Feiern am Bahnhof und die Gewissheit, das alles trotz Angst miterlebt zu haben. Der Spaß, das meinem Therapeuten zu erzählen, seine großen Augen und die wirklich verstörten Monster zu erleben. Es geht aufwärts. Ich plane meine Tage nun selbst. Die Angst läuft oft nur noch so mit. Wie ein kleines Kind an meiner Hand. Mein Kopf wird wieder freier, meine Gedanken sind nicht mehr so gefangen im Teufelskreis von Angst und Angst vor der Angst. Der Alltag ist wieder näher bei mir. Kino, Kabarett, Fußball, Stadtbummel, Wochenmarkt, andere Städte besuchen, irgendwo einen Kaffee trinken, essen gehen und Ideen, wie es beruflich weitergehen soll.

Zukunft

Ich erinnere mich an die Worte: „Und dass Sie mit Stress umgehen können, ist ja wohl offensichtlich." Ich lache mich innerlich tot, doch sage nichts. Es ist Sommer geworden und ich sitze in der Fortbildungsakademie, die den Kurs zum Online - Redakteur anbietet. Der Leiter der Akademie guckt in meine Bewerbungsunterlagen, ich bin unruhig, doch scheinbar merkt man es mir nicht an. Eigentlich dürfte ich hier gar nicht sitzen, der Kurs wird an sich nur für Hochschulabsolventen angeboten. Ich bin Studienabbrecher, habe mich aber trotzdem beworben, denn das wäre es: das Alte mit dem Neuen verbinden. Das Alte ist das Schreiben, das habe ich über die Jahre immer wieder gemacht. Das Neue wäre das Erlernen, wie man das mit dem Internet zusammenbekommt. Perfekt. Zukunft, Ziel. Eineinhalb Stunden lang klopft er mich ab, die Angstkurve -klar- ist da, doch sie geht, sinkt. Am Ende schüttelt er mir die Hand und sagt, ich höre von ihm. Alles hängt daran, ob das Arbeitsamt Gelder für die Akademie hat. Es wäre zu schön. Ich erinnere mich an ein anderes Vorstellungsgespräch. Es geht um einen RTL- Chat. Dort soll ich ein Moderator sein, jemand, der aufpasst, dass kein radikales oder sexistisches Zeug gechattet wird und daran, dass es scheiterte, weil unser Monitor zu wenig Pixel hat. Ich erinnere mich daran, dass Dani plötzlich losstiefelt, um sich beruflich neu zu orientieren. Sie geht zu einem Bewerbungstest, kommt zurück mit der sicheren Vermutung, durchgefallen zu sein. Daran, dass sie auf ihrem 30sten, ups: 25sten Geburtstag natürlich, die Nachricht bekommt, den Test bestanden zu haben und Wochen später die Zusage für ihre Umschulung. Ich erinnere mich an den Kredit von Christina, die jetzt im Silicon Valley arbeitet. Daran, dass Dani und ich losstiefelten, um uns damit den neuen PC zu kaufen, 10 mal so schnell surfen wie vorher. Eine Investition, Zukunft, Ziele. An die Sommerpause, in der fast nichts voranging, an die paradoxe Situation, nicht arbeiten gehen zu dürfen, weil ich für eine Fortbildung aus der Arbeitslosigkeit kommen muss. Und an die Tatsache, dass wir in diesem Sommer die Pfennige dreimal umdrehten und es dennoch wieder irgendwie schafften.

Ich erinnere mich

An die Idee, mir im September die Wartezeit zu verkürzen, indem ich dieses Tagebuch beginne.

Nachtrag

Vieles gäbe es noch zu schreiben, sicher. Dass ich ein Großkotz bin, vielleicht. Jemand, der behauptet, eine Krankheit überwunden zu haben und eigentlich doch immer mal wieder kämpfen muss. Nein: Die Angst ist nicht für immer und ewig weg. Sie kommt an schlechten Tagen. Doch sie ist nicht mehr so stark. Ich habe Werkzeug gefunden, um mich gegen sie zu wehren. Sicher kann dieses Buch kein wissenschaftlich fundierter Ratgeber zum Thema Angst sein. Es ist die Geschichte eines Septembers und die Geschichte von zwei Jahren. Nicht mehr, nicht weniger. Es hat Spaß gemacht, sie zu schreiben. Und vielleicht macht sie dem Einen oder Anderen ein bisschen Mut.

FSC
www.fsc.org
MIX
Papier | Fördert
gute Waldnutzung
FSC® C083411

Zeitfracht Medien GmbH
Ferdinand-Jühlke-Straße 7
99095 Erfurt, Deutschland
produktsicherheit@kolibri360.de